名师名校名校长书系

U0721551

# 高中物理
## 综合教学研究与设计

刘震 / 著

沈阳出版发行集团
沈阳出版社

**图书在版编目（CIP）数据**

高中物理综合教学研究与设计 / 刘震著. — 沈阳：
沈阳出版社, 2019.4
ISBN 978-7-5441-7095-6

Ⅰ.①高… Ⅱ.①刘… Ⅲ.①中学物理课—教学研究
—高中 Ⅳ.①G633.72

中国版本图书馆CIP数据核字（2019）第058677号

---

**出版发行：**沈阳出版发行集团│沈阳出版社
（地址：沈阳市沈河区南翰林路10号 邮编：110011）
**网 址：** http://www.sycbs.com
**印 刷：** 中共沈阳市委机关印刷厂
**幅面尺寸：** 170mm×240mm
**印 张：** 15.25
**字 数：** 275千字
**出版时间：** 2022年6月第1版
**印刷时间：** 2022年6月第1次印刷
**责任编辑：** 张 磊
**封面设计：** 姜 龙
**版式设计：** 李 娜
**责任校对：** 王冬梅
**责任监印：** 杨 旭

---

**书 号：** ISBN 978-7-5441-7095-6
**定 价：** 45.00元

**联系电话：** 024-24112447
**E－mail：** sy24112447@163.com

本书若有印装质量问题，影响阅读，请与出版社联系调换。

# 编 委 会

《普通高中课程方案和课程标准（2017 年版）》（以下简称《新课标》）相比于 2003 年版《课标》，对于物理学科的关注度显著上升。其表现为在艺术、技术上给予了学生更大的发展和选择空间，在艺术、技术上有兴趣的学生，可以学习更多的"可选择必修课程"。在信息技术学科方面，相比于 2003 年版《课标》，《新课标》大幅度减少了对于基本软件使用的要求，而大幅度提升了在编程、计算思维、算法方面的思维要求，以及人工智能、开源硬件、网络空间安全等知识面的要求。

课程"物理与电子设计"的内容符合《新课标》的要求，注重"做中学"，重视对学生"自学和交流合作能力、质疑能力、信息收集和处理能力、分析解决问题能力、科学探究及物理实验能力"五项能力的培养，让学生在实践过程中根据兴趣和需要选择性地学习"物理实验设计、电子电路基础知识、Protel 软件使用、焊接、微积分、计算机编程、单片机、信息检索"等领域的内容。在高中物理常规教学基础上给学生普及电子信息技术的知识，教会学生使用印刷电路板的常用软件 Protel 设计和制作电路，并学会使用 C 语言进行计算机编程，本书附录部分"学生优秀成果展示"中"智能百叶窗控制系统"正是人工智能领域的成果。

《中国学生发展核心素养》中物理学科的核心素养为"物理观念""科学思维""实验探究""科学态度与责任"。本课程正是将培养学生的核心素养落到实处，将理论与实践结合，重视物理观念的形成、科学思维的培养，聚焦实验探究的过程，培养学生严谨的科学态度与推动社会进步的责任感。本课程既可以帮助学生提高建构物理知识体系的深度，又能帮助学生拓宽物理知识体系的宽度。

本课程的开发基于"STEAM"理念，有别于传统的单学科、重书本知识、只在传统教室开展的教育方式，它融合了"科学、技术、工程、艺术、数学"等领域的知识，旨在让学生们自己动手完成他们感兴趣的，并且有利于改善生活的相关项目，以物理中电子电路知识为基础，在过程中学习跨学科的知识。本课程更注重学习和研究的过程，而不是结果。

本课程为课堂讲授与学生自主探究、设计作品相结合，第一阶段会对学生进行电子电路基础知识、Protel 软件使用、焊接、计算机编程及相关软件使用的理论指导；第二阶段由学生自主设计作品，在该阶段会开展主题、作品可行性分析的活动；第三阶段是数据采集论证、论文书写、作品展示，教师提出作品改善意见；第四阶段则是小组答辩，邀请物理科组全体教师担任评委，对作品和答辩过程进行评分。

本课程的评价方式为过程性评价和结果性评价相结合，过程性评价由小组导师根据学生作品设计、团队合作、能力展示、初评答辩进行打分，结果性评价则是由物理组全体教师通过作品完成程度、误差分析、最终答辩进行打分。

由于本课程实施时间不长，书中有些知识难度把握还不够精确，有不少细节需要在以后的实施过程中进一步优化、完善，望广大读者批评指正，并提出宝贵意见和建议！

刘 震

2018 年 8 月

## 中 篇　电子电路的设计与制作

下 篇　计算机编程

| 上 篇 |

# 电子电路基础知识

# 第一章 半导体器件

## 第一节 半导体基础知识

### 一、半导体的概念

半导体就是导电能力（即电导率）介于导体和绝缘体之间的物质。
如：硅 Si、锗 Ge 等 +4 价元素以及化合物。

### 二、半导体的导电特性

**1. 半导体的导电率会在外界因素作用下发生变化**

（1）掺杂因素：管子。

（2）温度因素：热敏元件。

（3）光照因素：光敏元件等。

**2. 半导体中的两种载流子——自由电子和空穴**

（1）自由电子：受束缚的电子（−）。

（2）空穴：电子跳走以后留下的坑（+）。

### 三、杂质半导体

掺杂可以显著地改变半导体的导电特性，从而制造出杂质半导体。杂质半导体可分为 N 型半导体和 P 型半导体。

**1. N 型半导体（自由电子多）**

杂质半导体中有两种载流子，即价带中的空穴和导带中的电子。以电子导电为主的半导体称为 N 型半导体。"N"表示负电的意思，取自英文单词"Negative"的第一个字母。

在 N 型半导体中，参与导电的（即导电载体）主要是带负电的电子，这些电子来自半导体中的施主。凡掺有施主杂质或施主数量多于受主的半导体都是 N

型半导体。例如，含有适量五价元素砷、磷、锑等的锗或硅等半导体。

由于 N 型半导体中正电荷量与负电荷量相等，故 N 型半导体呈电中性。自由电子主要由杂质原子提供，空穴由热激发形成。掺入的杂质越多，多子（自由电子）的浓度就越高，导电性能就越强。

掺杂为 +5 价元素，使自由电子大大增加。

如：磷 P——+5 价，硅 Si——+4 价，P 与 Si 形成共价键后多出一个电子。

N 型半导体的载流子组成如下：

① 本征激发的空穴和自由电子（数量少）。

② 掺杂后由 P 提供的自由电子（数量多）。

③ 空穴（少子）。

④ 自由电子（多子）。

**2. P 型半导体（空穴多）**

在杂质半导体中，如果某一类型半导体的导电性主要依靠价带中的空穴，则该类型的半导体就称为 P 型半导体。"P"表示正电的意思，取自英文单词"Positive"的第一个字母。

在 P 型半导体中，参与导电的（即电荷载体）主要是带正电的空穴，这些空穴来自半导体中的受主。因此凡掺有受主杂质或受主数量多于施主的半导体都是 P 型半导体。例如，含有适量三价元素硼、铟、镓等的锗或硅等半导体。

由于 P 型半导体中正电荷量与负电荷量相等，故 P 型半导体呈电中性。空穴主要由杂质原子提供，自由电子由热激发形成。掺入的杂质越多，多子（空穴）的浓度就越高，导电性能就越强。

掺杂为 +3 价元素，使空穴大大增加。

如：硅 Si——+4 价、硼 B——+3 价，Si 与 B 形成共价键后多出一个空穴。

P 型半导体的载流子组成如下：

① 本征激发的空穴和自由电子（数量少）。

② 掺杂后由 B 提供的空穴（数量多）。

③ 空穴（多子）。

④ 自由电子（少子）。

结论：

N 型半导体中的多数载流子为自由电子；P 型半导体中的多数载流子为空穴。

# 第二节 PN 结

## 一、PN 结的基本原理

**1. PN 结的概念**

将一块 P 型半导体和一块 N 型半导体紧密地结合在一起时，交界面两侧的那部分区域称为 PN 结。

**2. PN 结的结构**

分界面上，P 区空穴多，N 区自由电子多。（见图 1 - 2 - 1）

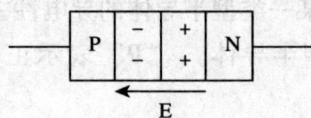

**图 1 - 2 - 1**

扩散运动：

载流子多的往少的方向移动，并被复合掉。留下了正、负离子（正、负离子不能移动）。留下了一个正、负离子区——耗尽区。由正、负离子区形成了一个内建电场（即势垒高度）。

方向：

N → P。

大小：

与材料和温度有关。（很小，约零点几伏）

漂移运动：

由于内建电场的吸引，个别少数载流子受电场力的作用与多子运动方向做相反运动。

结论：

在没有外加电压的情况下，扩散电流和漂移电流的大小相等，方向相反，总电流为零。

## 二、PN 结的单向导电特性

### 1. 外加正向电压时（正偏）（见图 1 - 2 - 2）

势垒高度↓　PN 结宽度（耗尽区宽度）↓　扩散电流↑

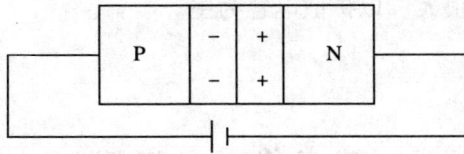

图 1 - 2 - 2

### 2. 外加反向电压时（反偏）（见图 1 - 2 - 3）

势垒高度↑　PN 结宽度（耗尽区宽度）↑　扩散电流（趋近于 0）↓

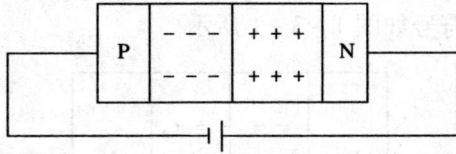

图 1 - 2 - 3

此时总电流 = 反向饱和电流（漂移电流）：$I_5$

其中，反向饱和电流 $I_5$ 只与温度有关，与外加电压无关。

（1）PN 结的反向击穿

① 齐纳击穿：势垒区窄，较高的反向电压（小于 4V）形成的内建电场将价电子拉出共价键，导致反向电流剧增。

② 雪崩击穿：势垒区宽，载流子穿过 PN 结时间长，速度高，将价电子从共价键中撞出来，撞出来的电子再去撞别的价电子，导致反向电流剧增，反向电压大于 7V。

当反向电压在 4V 和 7V 之间时，两种击穿均有。

（2）PN 结的电容效应

① 势垒电容：外加电压的变化引起势垒区宽窄的变化。它与平行板电热器在外加电压作用下电容极板上积累电荷的情况相似。对外等效为非线性微变电容（反偏减小，正偏增大）。

② 扩散电容：当 PN 结外加正向电压时，由于扩散作用，从另一方向本方注入少子，少子注入后，将破坏半导体的电中性。为了维持电中性，将会有相同数量的异性载流子从外电路进入半导体，在半导体中形成"空穴—电子对"

储存。外电压增量引起"空穴—电子对"存储这一现象类似电容充电的原理。

PN 结等效：2 个扩散电容 + 1 个势垒电容。（对外等效为 3 个容性电流相加。等效对外不对内）

反偏：扩散电流为 0，以势垒电容为主。

正偏：扩散电流很大，以扩散电容为主。

# 第三节　二极管

## 一、二极管的构成与符号

二极管的构成与符号如图 1 - 3 - 1 所示。

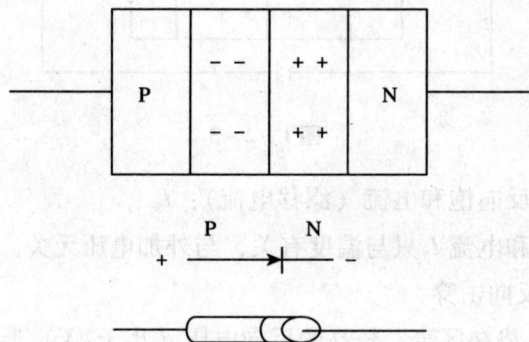

图 1 - 3 - 1

## 二、二极管的伏安特性曲线

### 1. 正向特性

正向电压较小时，正向电流几乎为 0——死区。

当正向电压超过某一门限电压时，二极管导通，电流随电压的增加成指数率的关系迅速增大。

门限电压（导通电压）$U_D$：硅管 0.5V～0.7V，锗管 0.1V～0.2V。

### 2. 反向特性

当外加电压小于反向击穿电压时，反向电流几乎不随电压变化。

当外加电压大于反向击穿电压时，反向电流随电压急剧增大（击穿）。

### 3. 伏安特性解析式

在理想条件下，PN 结的伏安（电流与结电压）关系式

$$I = I_S \left( \mathrm{e}^{\frac{q}{kT}U} - 1 \right)$$

式中：$q$——电子电荷量，$1.6 \times 10^{-19}\mathrm{C}$；

$k$——玻尔兹曼常数，$1.38 \times 10^{-23}\mathrm{J/K}$；

$T$——绝对温度 0K（$-273℃$）。

令：$\dfrac{kT}{q} = U_T$（室温下 $U_T = 26\mathrm{mV}$），伏安关系式简化为

$$I = I_S \left( \mathrm{e}^{\frac{U}{U_T}} - 1 \right)$$

当电压超过 100mV 时，公式可以简化为

加正向电压时 $I = I_S \mathrm{e}^{\frac{U}{U_T}}$，加反向电压时 $I = -I_S$。

## 三、二极管的等效电阻

从二极管的伏安特性曲线上可以看出，二极管是非线性元件，等效电阻的大小与 $Q$ 点有关。

直流电阻（静态电阻）关系式为

$$R_D = \left. \frac{U_D}{I_D} \right|_Q$$

交流电阻关系式为

$$R_D = \left. \frac{\Delta U}{\Delta I} \right|_Q = \frac{26\mathrm{mV}}{I_Q}$$

## 四、特殊二极管

如图 1 - 3 - 2 所示，特殊二极管可分为稳压二极管、变容二极管、发光二极管三种。

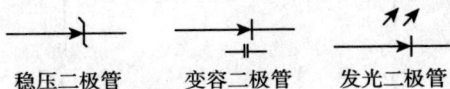

稳压二极管　　变容二极管　　发光二极管

图 1 - 3 - 2

## 五、二极管的应用

① 整流：可以将交流电转变为直流电。

② 稳压：利用稳压管可以稳压电路。

③ 限幅器：利用二极管限幅器可以串联、并联，实现双向限幅。

**思考题**

用多用电表测二极管的电阻，换不同挡位测量，结果一样吗？请结合实际操作进行对比分析。

**答案：**不相同。二极管是非线性元件，阻值随着通过二极管的电流（或加在二极管两端电压）而变化。多用电表的不同电阻挡挡位的输出电流不一样，低阻挡电流大，测出的阻值小；高阻挡电流小，测出的阻值大，所以测量出的二极管的电阻不相同。

# 第四节　晶体三极管

## 一、晶体三极管的概念

晶体三极管是一种控制电流的半导体器件，其作用是把微弱信号放大成幅度值较大的电信号，也可用做无触点开关。晶体三极管是半导体基本元器件之一，具有电流放大作用，是电子电路的核心元件。三极管指的是，在一块半导体基片上制作两个相距很近的 PN 结，排列方式有 NPN 和 PNP 两种，两个 PN 结把整块半导体分成三部分，中间部分是基区，两侧部分是发射区和集电区，从三个区引出相应的电极，分别为基极 b、发射极 e 和集电极 c。如图 1-4-1 所示。

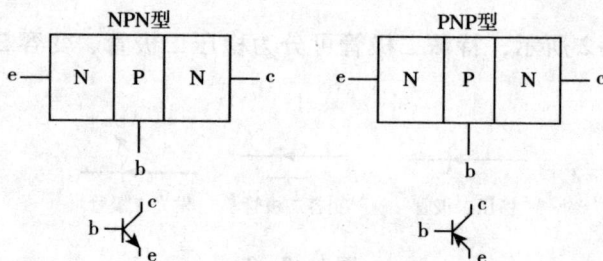

图 1-4-1

## 二、晶体三极管的结构

**基区：**中间部分称为基区，连上电极称为基极，用 B 或 b 表示（Base），基区极薄。

集电区：一侧称为集电区和集电极，用 C 或 c 表示（Collector），c 结面积 >
e 结。

发射区：另一侧称为发射区，电极称为发射极，用 E 或 e 表示（Emit-
ter）；e 区掺杂浓度最高，b 区掺杂浓度最低。

其中，不能将两个二极管兑成一个三极管来用。

### 三、双极型半导体三极管

**1. 双极型半导体三极管的电流分配与控制**

双极型三极管的符号如图 1－4－1 所示，发射极的箭头代表发射极电流的
实际方向。从外表上看两个 N 区是对称的，实际上发射区的掺杂浓度大，集电
区掺杂浓度低，且集电结面积大。基区要制造得很薄，其厚度一般在几个微米
至几十个微米。

双极型半导体三极管在工作时一定要加上适当的直流偏置电压。若在放大
工作状态，则发射结外加正向电压，集电结外加反向电压。

现以 NPN 型三极管的放大状态为例，来说明
三极管内部的电流关系，如图 1－4－2 所示。

发射结加正偏时，从发射区将有大量电子向基
区扩散，形成发射极电流，与 PN 结中的情况相同。

从基区向发射区也有空穴的扩散运动，但其数
量小，这是因为发射区的掺杂浓度远大于基区的掺
杂浓度。

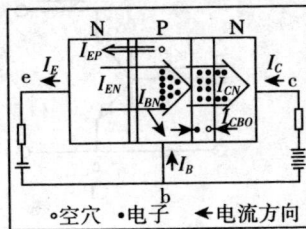

图 1－4－2

进入基区的电子流因基区的空穴浓度低，被复合的机会较少。又因基区很
薄，在集电结反偏电压的作用下，电子在基区停留的时间很短，很快就运动到
了集电结的边上，进入集电结的结电场区域，被集电极所收集，形成集电极电
流，在基区被复合的电子形成基极电流。

另外，因集电结反偏，使集电结区的少子形成漂移电流 $I_{CBO}$。于是可得如下
电流关系式：$I_E = I_C + I_B$。

**2. 双极型半导体三极管放大的实质**

发射结正向电压大小 $\overset{\text{控制}}{\Longrightarrow}$ 基区少子浓度 $\overset{\text{影响}}{\Longrightarrow}$ 集电极电流大小，（即由
$V_{BE}$ 控制 $I_C$，由于 $I_B$ 正比于 $V_{BE}$，所以有 $I_B$ 正比于 $I_C$）。

发射区掺杂浓度高、基区薄，是保证三极管能够实现电流放大的关键。若
两个 PN 结对接，使得基区很厚，就没有电流放大作用。基区从厚变薄，两个

PN 结演变为三极管，这是量变引起质变的又一个实例。

问题1：

除了由三极管的电流分配关系可以证明 $I_E = I_C + I_B$ 外，还可以通过什么方法加以说明？

答：（无唯一答案）。

问题2：

为什么当温度升高时，三极管将失去放大作用？请从物理概念上加以说明。

答：当温度升高时，三极管基极电流会增大并失去对集电极电流的控制。故三极管会失去放大作用。

**3. 双极型半导体三极管的电流关系**

（1）双极型三极管的三种组态

双极型三极管有三个电极，其中两个可以作为输入，也有两个可以作为输出，这样必然会有一个电极是公共电极。双极型三极管有三种接法，分别为共发射极接法、共集电极接法、共基极接法。三种接法也称三种组态，如图1-4-3所示。

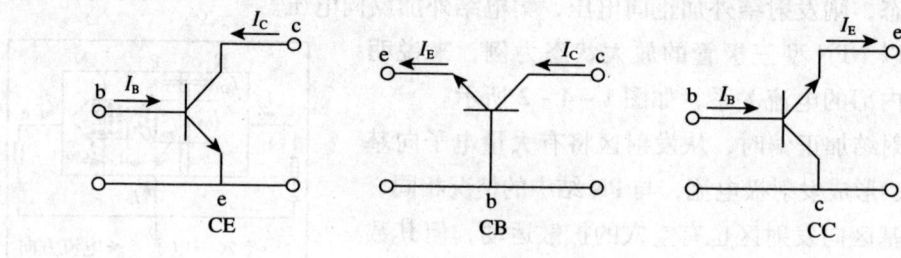

图 1 - 4 - 3

共发射极接法，是以发射极作为公共电极，用 CE 表示；共集电极接法，是以集电极作为公共电极，用 CC 表示；共基极接法，是以基极作为公共电极，用 CB 表示。

（2）三极管的电流放大系数

对于集电极电流 $I_C$ 和发射极电流 $I_E$ 之间的关系可以用系数来说明，即 $\bar{\alpha} = \dfrac{I_{CN}}{I_E}$，$\bar{\alpha}$ 称为共基极直流电流放大系数。它表示最后达到集电极的电子电流 $I_{CN}$ 与总发射极电流 $I_E$ 的比值。$I_{CN}$ 与 $I_E$ 相比，因 $I_{CN}$ 中没有 $I_{EP}$ 和 $I_{BN}$，所以 $\bar{\alpha}$ 的值小于1，但接近1。由此可得

$$I_C = I_{CN} + I_{CBO} = \bar{\alpha} I_E + I_{CBO} = \bar{\alpha}(I_C + I_B) + I_{CBO}$$

$$I_C = \frac{\bar{\alpha} I_B}{1 - \bar{\alpha}} + \frac{I_{CBO}}{1 - \bar{\alpha}}$$

定义：$\bar{\beta} = \dfrac{I_C}{I_B} = \dfrac{I_{CN} + I_{CBO}}{I_B}$，称为共发射极接法直流电流放大系数。于是

$\bar{\beta} = \dfrac{I_C}{I_B} = \left( \dfrac{\bar{\alpha} I_B}{1 - \bar{\alpha}} + \dfrac{I_{CBO}}{1 - \bar{\alpha}} \right) \dfrac{1}{I_B} \approx \dfrac{\bar{\alpha}}{1 - \bar{\alpha}}$，因为 $\bar{\alpha} \approx 1$，所以 $\bar{\beta} \gg 1$。

**4. 双极型半导体三极管的特性曲线**

（1）输入特性曲线

$$I_B = f(U_{BE}) \bigg|_{V_{CE} = \text{const}}$$

这里的 B 表示输入电极，C 表示输出电极，E 表示公共电极。所以这两条曲线是共发射极接法的特性曲线。

（2）输出特性曲线

$$I_C = f(U_{CE}) \bigg|_{I_B = \text{const}}$$

$I_B$ 是基极输入电流，$U_{BE}$ 是基极输入电压，加在 B、E 两电极之间。$I_C$ 是输出电流，$U_{CE}$ 是输出电压，从 C、E 两电极取出。

共发射极接法的供电电路和电压——电流关系，如图 1-4-4 所示。

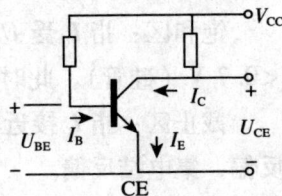

图 1-4-4

**5. 共发射极接法的特性曲线**

（1）输入特性曲线

简单地看，输入特性曲线类似于发射结的伏安特性曲线，现讨论 $I_B$ 和 $U_{BE}$ 之间的函数关系。因为有集电结电压的影响，它与一个单独的 PN 结的伏安特性曲线不同。为了排除 $U_{CE}$ 的影响，在讨论输入特性曲线时，应使 $U_{CE} = \text{const}$（常数）。

关于 $U_{CE}$ 的影响，可以用三极管的内部反馈作用来解释，即 $U_{CE}$ 对 $I_B$ 的影响。

共发射极接法的输入特性曲线，如图 1-4-5 所示。其中 $U_{CE} = 0V$ 的那一条相当于发射结的正向特性曲线。当 $U_{CE} \geqslant 1V$ 时，$U_{CB} = U_{CE} - U_{BE} > 0$，集电结已进入反偏状态，开始收集电子，且基区复合减少，$I_C/I_B$ 增大，特性曲线将向右稍微移动一些。但 $U_{CE}$ 再增加时，曲线右移不明显。曲线的右移是三极管内部反馈作用所致，右移不明显，说明内部反馈作用很小。

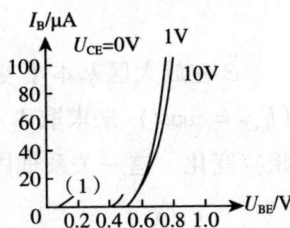

图 1-4-5

输入特性曲线的分区有如下三类：①死区；②非线性区；③线性区。

（2）输出特性曲线

共发射极接法的输出特性曲线，如图 1-4-6 所示。它是以 $I_B$ 为参变量的一族特性曲线。现以其中任意一条加以说明。当 $U_{CE} = 0$ V 时，因集电极无收集

作用，故 $I_C = 0$。当 $U_{CE}$ 稍增大时，发射结虽处于正向电压之下，但集电结反偏电压很小时，如：$U_{CE} < 1V$，$U_{BE} = 0.7V$，$U_{CB} = U_{CE} - U_{BE} \leqslant 0.7V$，集电区收集电子的能力很弱，$I_C$ 主要由 $U_{CE}$ 决定。

当 $U_{CE}$ 增加到使集电结反偏电压较大时，如：$U_{CE} \geqslant 1V$，$U_{BE} \geqslant 0.7V$，运动到集电结的电子基本上都可以被集电区收集，此后 $U_{CE}$ 若再增加，电流也不会有明显的增加，特性曲线进入与 $U_{CE}$ 轴基本平行的区域（这与输入特性曲线随 $U_{CE}$ 增大而右移的原因是一致的）。

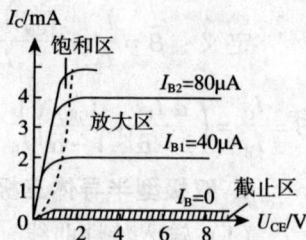

图 1 - 4 - 6

输出特性曲线可以分为三个区域：

饱和区：指 $I_C$ 受 $U_{CE}$ 显著控制的区域，该区域内 $U_{CE}$ 的数值较小，一般 $U_{CE} < 0.7$ V（硅管）。此时发射结正偏，集电结正偏或反偏电压很小。

截止区：指 $I_C$ 接近零的区域，相当于在 $I_B = 0$ 的曲线的下方。此时，发射结反偏，集电结反偏。

放大区：指 $I_C$ 平行于 $U_{CE}$ 轴的区域，曲线基本平行等距。此时，发射结正偏，集电结反偏，电压一般大于 0.7V（硅管）。

### 6. 半导体三极管的参数

（1）直流参数

① 直流电流放大系数

a. 共发射极直流电流放大系数 $\bar{\beta}$

$$\bar{\beta} = \frac{I_{CEO}}{I_B} \approx \frac{I_C}{I_B} \bigg|_{U_{CE} = \text{const}}$$

$\bar{\beta}$ 在放大区基本不变。在共发射极输出特性曲线上，通过垂直于 $X$ 轴的直线（$U_{CE} = \text{const}$）来求取 $I_C/I_B$，如图 1 - 4 - 7 所示。在 $I_C$ 较小时和 $I_C$ 较大时，$\bar{\beta}$ 会相应变化，这一关系如图 1 - 4 - 8 所示。

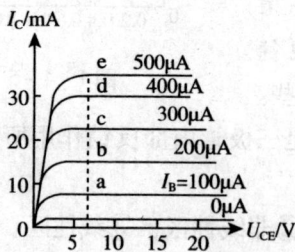

图 1 - 4 - 7

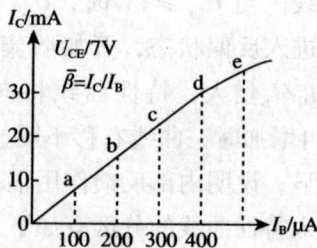

图 1 - 4 - 8

b. 共基极直流电流放大系数 $\bar{\alpha}$

$$\bar{\alpha} = \frac{I_C - I_{CBO}}{I_E} \approx \frac{I_C}{I_E}$$

显然 $\bar{\alpha}$ 与 $\bar{\beta}$ 之间有如下关系：

$$\bar{\alpha} = \frac{I_C}{I_E} = \frac{\bar{\beta} I_B}{(1 + \bar{\beta}) I_B} = \frac{\bar{\beta}}{1 + \bar{\beta}}$$

② 极间反向电流

a. 集电极基极间的反向饱和电流 $I_{CBO}$

$I_{CBO}$ 的下标 CB 代表集电极和基极，O 是单词 "open" 的字头，代表第三个电极 E 开路。$I_{CBO}$ 表示集电结的反向饱和电流。

b. 集电极发射极间的反向饱和电流 $I_{CEO}$

$I_{CEO}$ 和 $I_{CBO}$ 有如下关系：

$$I_{CEO} = (1 + \bar{\beta}) I_{CBO}$$

$I_{CEO}$ 是指基极开路时，集电极和发射极间的反向饱和电流，即输出特性曲线 $I_B = 0$ 那条曲线所对应的 $Y$ 坐标的数值。如图 1-4-9 所示。

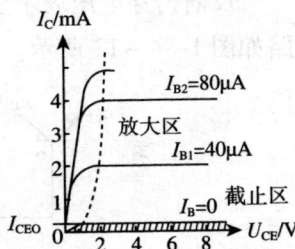

图 1-4-9

（2）交流参数

① 交流电流放大系数

a. 共发射极交流电流放大系数 $\beta$

$$\beta = \Delta I_C / \Delta I_B \big|_{U_{CE} = \text{const}}$$

在放大区 $\beta$ 值基本不变，可在共射接法输出特性曲线上，通过垂直于 $X$ 轴的直线求取 $\Delta I_C / \Delta I_B$。或在图 1-4-9 上通过求某一点的斜率得到 $\beta$。具体方法如图 1-4-10 所示。

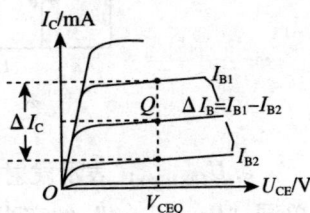

图 1-4-10

b. 共基极交流电流放大系数 $\alpha$

$$\alpha = \Delta I_C / \Delta I_E \big|_{U_{CB} = \text{const}}$$

当 $I_{CBO}$ 和 $I_{CEO}$ 很小时，$\bar{\alpha} \approx \alpha$、$\bar{\beta} \approx \beta$，可以不加区分。

② 特征频率 $f_T$

三极管的 $\beta$ 值不仅与工作电流有关，而且与工作频率有关。由于结电容的影响，当信号频率增加时，三极管的 $\beta$ 值将会下降。当 $\beta$ 值下降到 1 时所对应的频率称为特征频率，用 $f_T$ 表示。

（3）极限参数

① 集电极最大允许电流 $I_{CM}$

如图 1-4-11 所示，集电极电流增加时，$\beta$ 值下降，当 $\beta$ 值下降到线性放

大区 $\beta$ 值的 30% ~70% 时，所对应的集电极电流称为集电极最大允许电流 $I_{CM}$。至于 $\beta$ 值下降多少，不同型号的三极管，不同厂家的规定有所差别。可见，当 $I_C > I_{CM}$ 时，并不表示三极管会损坏。

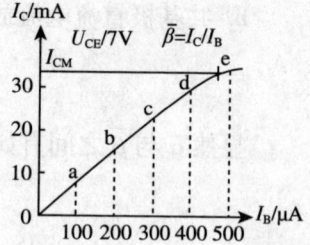

图 1 - 4 - 11

② 集电极最大允许功率损耗 $P_{CM}$

集电极电流通过集电结时所产生的功耗：$P_{CM} = I_C U_{CB} \approx I_C U_{CE}$，因发射结正偏，呈低阻，所以功耗主要集中在集电结上。在计算时往往用 $U_{CE}$ 取代 $U_{CB}$。

③ 反向击穿电压

反向击穿电压表示三极管电极间承受反向电压的能力，其测试时的原理电路如图 1 - 4 - 12 所示。

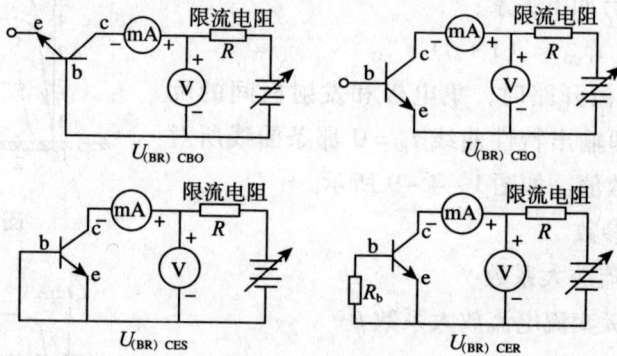

图 1 - 4 - 12

a. $U_{(BR)CBO}$：表示发射极开路时集电结击穿电压。下标 BR 代表击穿之意，是单词 "Breakdown" 的字头，CB 代表集电极和基极，O 代表第三个电极 E 开路。

b. $U_{(BR)EBO}$：表示集电极开路时发射结的击穿电压。

c. $U_{(BR)CEO}$：表示基极开路时集电极和发射极间的击穿电压。

$U_{(BR)CER}$ 表示 BE 间接有电阻，$U_{(BR)CES}$ 表示 BE 间是短路的。这几个击穿电压在大小上有如下关系

$$U_{(BR)CBO} \approx U_{(BR)CES} > U_{(BR)CER} > U_{(BR)CEO} > U_{(BR)EBO}$$

由 $P_{CM}$、$I_{CM}$ 和 $U_{(BR)CEO}$ 在输出特性曲线上可以确定过损耗区、过电流区和击穿区，如图 1 - 4 - 13 所示。

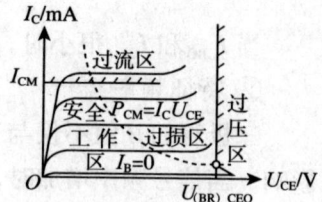

图 1 - 4 - 13

（4）晶体管参数与温度的关系

① 硅管温度每增加 8℃（锗管每增加 12℃），$I_{CBO}$ 将增大一倍。

② 温度每升高 1℃，$U_{BE}$ 将减小约 2mV，即晶体管具有负温度系数。

③ 温度每升高1℃，$\beta$ 将增加 0.5% ~ 1.0%。

**7. 半导体三极管的型号**

国家标准对半导体三极管的命名要求，如图1-4-14所示。

3 D G 110 B —— 用字母表示同一型号中的不同规格
用数字表示同种器件型号的序号
用字母表示器件的种类
用字母表示材料
用数字表示三极管

**图 1-4-14**

第二位字母：A 表示锗 PNP 管、B 表示锗 NPN 管、C 表示硅 PNP 管、D 表示硅 NPN 管；

第三位字母：X 表示低频小功率管、D 表示低频大功率管、G 表示高频小功率管、A 表示高频大功率管、K 表示开关管。

半导体三极管的参数型号，如表1-4-1所示。

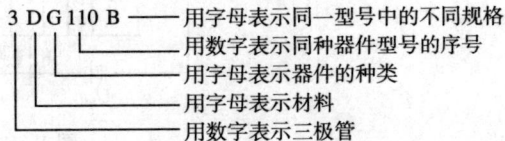

表 1-4-1

| 参数型号 | $P_{CM}$/mW | $I_{CM}$/mA | $UR_{CBO}$/V | $UR_{CEO}$/V | $UR_{EBO}$/V | $I_{CBO}$/μA | $f_T$/MHz |
|---|---|---|---|---|---|---|---|
| 3AX31D | 125 | 125 | 20 | 12 | | ≤6 | *≥8 |
| 3BX31C | 125 | 125 | 40 | 24 | | ≤6 | *≥8 |
| 3CG101C | 100 | 30 | 45 | | | 0.1 | 100 |
| 3DG123C | 500 | 50 | 40 | 30 | | 0.35 | |
| 3DD101D | 50W | 5A | 300 | 250 | 4 | ≤2mA | |
| 3DK100B | 100 | 30 | 25 | 15 | | ≤0.1 | 300 |
| 3DK23 | 250W | 30A | 400 | 325 | | | 8 |

（注：*为$f_\beta$）

# 四、晶体管的四种工作状态

晶体管有四种工作状态，分别为放大、截止、饱和和倒置，如表1-4-2所示。

表 1-4-2

| 状态 | 发射结电压 | 集电结电压 |
|---|---|---|
| 放大 | 正 | 反 |
| 截止 | 反 | 反 |
| 饱和 | 正 | 正 |
| 倒置 | 反 | 正 |

放大状态下晶体管中的电流如图1-4-15所示。当 NPN 管 $U_c > U_b > U_e$ 时，晶体管就处于放大状态，此时集电结反偏，而发射结正偏，这就是晶体管处于放大工作状态时的特点。

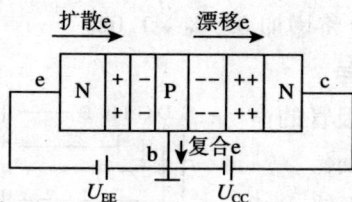

图 1 - 4 - 15

**课堂小结:**

三个电极电流满足: $I_E = I_B + I_C$。

工作在放大状态下的 NPN 管为: $I_B$、$I_C$ 流入, $I_E$ 流出。

工作在放大区的条件具体如下。

① NPN

$$U_C > U_B > U_E。$$

② PNP

$$U_C < U_B < U_E。$$

③ 发射结正偏, 集电结反偏。

**思考题**

集成电路中没有三极管, 如果用三极管的一个结来代替, 应该用哪个结?

**答案:** e 结。( c 结漏电流大)

**作业:**

1. 请画图并用文字解释晶体管工作的三种组态。

**答案:** 共射: 对电压、电流都有放大倍数。如图 1 - 4 - 16 所示。

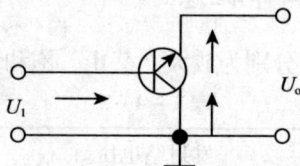

图 1 - 4 - 16

共基: 无电流放大倍数, 有电压放大倍数。如图 1 - 4 - 17 所示。

$$(I_C \approx I_E)$$

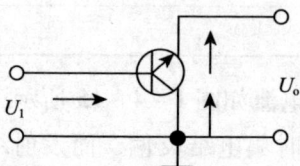

图 1 - 4 - 17

共集：无电压放大倍数，有电流放大倍数。如图 1－4－18 所示。

$$(U_{BE} \approx 7.0V)$$

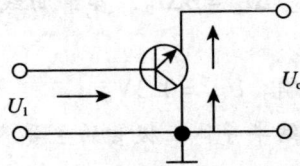

图 1－4－18

2. 请画出晶体三极管特性曲线并总结各分区特点。

**答案：**（1）共射组态放大电路的特性曲线

① 输入特性曲线（见图 1－4－19）：$(I_B － U_{BE})\ U_{CE}$。

$U_{BE}$ 为一个正偏的 PN 结，所以特性曲线和二极管的正向特性曲线相同。

有：$I_B = f(U_{BE})\ \Big|_{U_{CE}=常数}$。

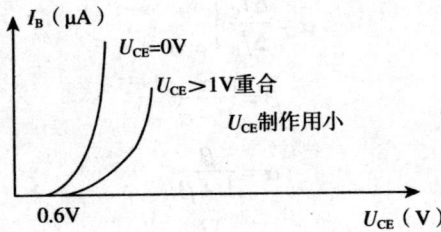

图 1－4－19

② 输出特性曲线（见图 1－4－20）：$(I_C － U_{CE})\ I_B$。

因为三极管有三个电极，要想在二维坐标系上表示出三个变量之间的关系，特性曲线就得是一族。

有：$I_C = f(U_{CB})\ \Big|_{I_B=常数}$。

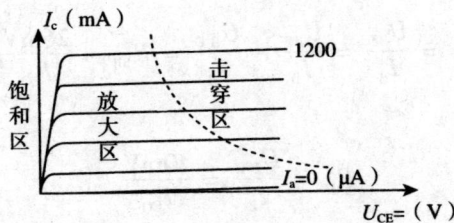

图 1－4－20

（2）特点

① 截止区：$I_B = 0$；$I_C = 0$；$U_{CE} = U_{CC}$。

② 放大区：$I_C$ 受 $I_B$ 控制。$\Delta I_C = \beta \Delta I_B$，各条曲线近似水平，$I_C$ 和 $U_{CE}$ 的变化基本无关，呈近似恒流特性。

③ 饱和区：$I_C$ 不受 $I_B$ 控制。$U_{CE} = 0.3V$。

3. 请结合所学内容，总结半导体三极管的主要参数。

**答案：**（1）电流放大系数

① 直流电流放大系数

$$\overline{\beta} = \frac{I_C}{I_B}$$

② 交流短路电流放大系数

$$\beta = \frac{\Delta I_C}{\Delta I_B} \bigg|_{\Delta U_{CE} = 0}$$

③ 共基极接法电流放大系数

$$\alpha = \frac{\Delta I_C}{\Delta I_B} \bigg|_{\Delta U_{CB} = 0}$$

$$\beta = \frac{\alpha}{1 - \alpha}$$

$$\alpha = \frac{\beta}{1 + \beta}$$

$$\alpha = \frac{\Delta I_C}{\Delta I_C + \Delta I_B}$$

（2）极限参数

① 集电极最大允许电流 $I_{COM}$：$\beta$ 值下降至正常值的 0.707 倍所对应的 $I_C$ 值。

② 反向击穿电压 $BU_{CEO}$：当基极开路时集电极和发射极之间的反向击穿电压。

③ 集电极最大允许功耗 $P_{CM}$。

（3）三极管的输入电阻

① 共射电路的输入电阻：

$$R_{IE} = \frac{U_{BE}}{I_B} = \frac{U_{BB'}}{I_B} + \frac{U_{B'E}}{I_B} = R_{BB'} + \frac{26mV}{I_{EQ}} \beta$$

② BE 结电阻：

$$R_D = \frac{U_{B'E}}{I_E} = \frac{20mV}{I_{EQ}}$$

③ 共基极输入电阻：

$$R_{IB} = \frac{U_{BE}}{I_E} = \frac{U_{BE}}{I_B(1 + \beta)} = \frac{R_{IE}}{1 + \beta}$$

# 第五节 场效应管

## 一、场效应管的特点

（1）场效应管只靠多子来导电，它是单极型晶体管，只依靠一种载流子导电。

（2）输入阻抗高，噪声低，热稳定性好，抗辐射能力强，功耗小。

## 二、场效应管的种类

### 1. 结型场效应管（JFET）

（1）结构

结型场效应管的结构如图 1 - 5 - 1 所示。N 区为载流子的主要通道——N 沟道。

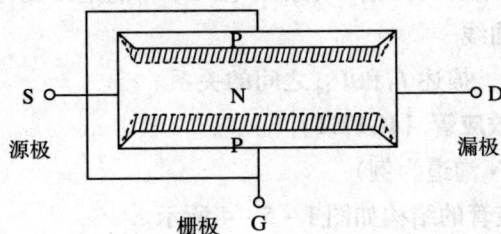

图 1 - 5 - 1

（2）符号

结型场效应管的符号如图 1 - 5 - 2 所示。

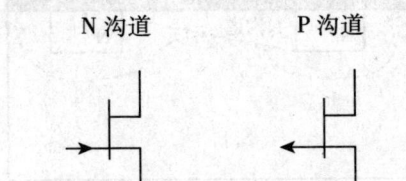

图 1 - 5 - 2

（3）工作原理

结型场效应管的工作原理如图 1-5-3 所示。

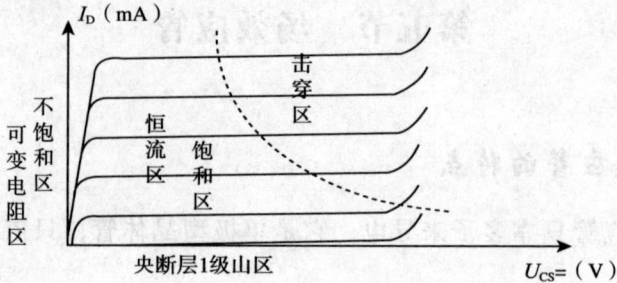

图 1-5-3

靠 $U_{DG}$ 和 $U_{SG}$ 使两个 PN 结全部反偏，使耗尽层加宽。依靠反偏电压的强弱来控制耗尽层宽窄（即改变半导体的体电阻），以达到控制电流的作用。并且 $U_D > U_S$，才能收集电子。漏极 D 和源极 S，可以互换着使用。工作在放大状态时要求栅极 G 一定要反偏。

（4）输入特性

栅极电流是 PN 结的反向饱和电流。它几乎不随电压变化而变化。

（5）输出特性曲线

以 $U_{GS}$ 为参变量，描述 $I_D$ 和 $U_{DS}$ 之间的关系。

**2. 绝缘栅型场效应管（IGFET）**

（1）结构（以 N 沟道为例）

绝缘栅型场效应管的结构如图 1-5-4 所示。

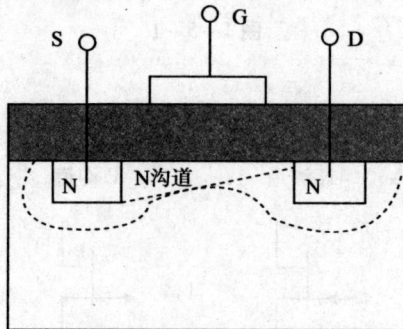

图 1-5-4

（2）符号

绝缘栅型场效应管的符号见表 1 – 5 – 1。

表 1 – 5 – 1

| | 增强型 | 耗尽型 |
|---|---|---|
| N 沟道 | | |
| P 沟道 | | |

（3）工作原理

① 增强型：原始没有导电沟道，靠外加电压后形成反型层导电沟道。要求必须给栅极 G 加正向偏压。

有：$U_D > U_G > U_S$。

② 耗尽型：原来已经有导电沟道存在（掺杂造成的），靠外加电压使沟道中的载流子耗尽。所加栅极电压可正、可负（正：同增强型；负：同结型）。

### 三、场效应管特性曲线比较

**1. N 沟道增强型（MOS 场效应管）特性曲线**

输出特性曲线：$U_{GS}$ 一定时，$I_D$ 与 $U_{DS}$ 的变化曲线，是一簇曲线 $I_D = f(U_{DS})|U_{GS} = C$。

当 $U_{GS}$ 变化时，$R_{ON}$ 将随之变化，因此称之为可变电阻区；

当 $U_{GS}$ 一定时，$R_{ON}$ 近似为一常数，因此称之为恒阻区。

① 可变电阻区：$I_D$ 与 $U_{DS}$ 的关系近线性 $I_D \approx 2K(U_{GS} - U_T)U_{DS}$。

② 恒流区：该区内，$U_{GS}$ 一定，$I_D$ 基本不随 $U_{DS}$ 变化而变。

③ 击穿区：$U_{DS}$ 增加到某一值时，$I_D$ 开始剧增并出现击穿。当 $U_{DS}$ 增加到某一临界值，$I_D$ 开始剧增时，$U_{DS}$ 称为漏源击穿电压。

**2. N 沟道耗尽型（结型场效应管）特性曲线**

场效应管的漏极特性曲线如图 1 – 5 – 5 所示。输出特性曲线分为三个区：可变电阻区、恒流区和击穿区。

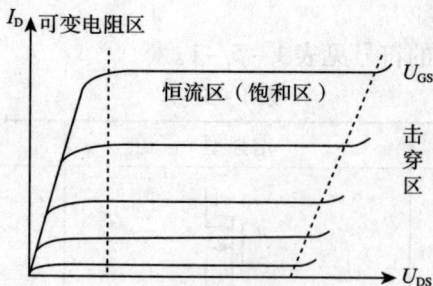

图 1 - 5 - 5

① 可变电阻区：图中 $U_{DS}$ 很小，曲线靠近左边。它表示管子预夹断前电压。电流关系是，当 $U_{DS}$ 较小时，由于 $U_{DS}$ 的变化对沟道大小影响不大，沟道电阻基本为一常数，$I_D$ 基本随 $U_{GS}$ 做线性变化。当 $U_{GS}$ 恒定时，沟道导通电阻近似为一常数，从此意义上说，该区域为恒定电阻区。当 $U_{GS}$ 变化时，沟道导通电阻的值将随 $U_{GS}$ 变化而变化，因此该区域又可称为可变电阻区。利用这一特点，可用场效应管作为可变电阻器。

② 恒流区：图中 $U_{DS}$ 较大，曲线近似水平的部分是恒流区，它表示管子预夹断后电压。即图 1 - 5 - 5 中两条虚线之间即为恒流区（或称为饱和区）。该区的特点是 $I_D$ 的大小受 $U_{GS}$ 可控，当 $U_{DS}$ 改变时 $I_D$ 几乎不变，场效应管作为放大器使用时，一般在此区域内工作。

③ 击穿区：当 $U_{DS}$ 增加到某一临界值时，$I_D$ 开始迅速增大，曲线上翘，导致场效应管不能正常工作，甚至烧毁。场效应管工作时要避免进入此区间。

### 思考题

查阅相关资料，总结并举例说明场效应管和三极管的区别。

**答案：**场效应管是场效应晶体管的简称。它属于电压控制型半导体器件，具有输入电阻高、噪声小、功耗低、没有二次击穿现象、安全工作区域宽、受温度和辐射影响小等优点，适用于高灵敏度和低噪声的电路。现已成为普通晶体管的强大竞争者。

普通晶体管（三极管）是一种电流控制元件，工作时，多数载流子和少数载流子都参与运行，所以被称为双极型晶体管；而场效应管（FET）是一种电压控制器件（改变其栅源电压就可以改变其漏极电流），工作时，只有一种载流子参与导电，因此它是单极型晶体管。

场效应管和三极管都能实现信号的控制和放大，由于它们构造和工作原理截然不同，所以二者的差异很大。在某些特殊应用方面，场效应管优于三极管，是三极管无法替代的。三极管与场效应管的区别如表1-5-2所示。

表1-5-2

| 项目 \ 器件 | 三极管 | 场效应管 |
|---|---|---|
| 导电机构 | 既用多子，又用少子 | 只用多子 |
| 导电方式 | 载流子浓度扩散及电场漂移 | 电场漂移 |
| 控制方式 | 电流控制 | 电压控制 |
| 类型 | PNP、NPN | P沟道、N沟道 |
| 放大参数 | $\beta = 500 \sim 100$ 或更大 | $Gm = 1 \sim 6ms$ |
| 输入电阻 | $10^2 \Omega \sim 10^5 \Omega$ | $10^7 \Omega \sim 10^{15} \Omega$ |
| 抗辐射能力 | 差 | 在宇宙射线辐射下，仍然正常工作 |
| 噪声 | 较大 | 小 |
| 热稳定性 | 差 | 好 |
| 制造工艺 | 较复杂 | 简单，成本低，便于集成化 |
| 应用电路 | C极与E极一般不可倒置使用 | 有的型号D极、S极可倒置使用 |

# 第二章 基本放大电路

## 第一节 晶体三极管基本放大电路

### 一、放大器的组成

**1. 放大器的定义、要求及主要研究问题**

（1）放大器：输出信号能量＞输入信号能量的器件。（增大的能量是由电源提供的）

（2）放大器的要求：①能放大；②不失真。

（3）主要研究问题：①产生失真的条件；②如何减小失真。

（4）主要指标放大倍数的公式为：$A = \dfrac{U_o}{U_I}$。

**2. 三种基本放大电路（三种组态）**

放大器的三种组态为：共射、共基、共集。

要实现放大作用，必须满足发射结正偏，集电结反偏。即 NPN：$U_C > U_B > U_E$，PNP：$U_C < U_B < U_E$。

**3. 基本共射放大电路**

晶体三极管基本共射放大电路如图 2－1－1 所示。

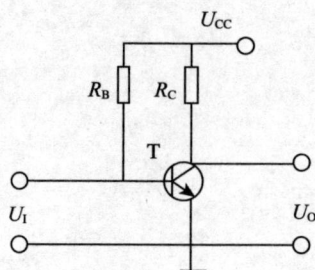

图 2－1－1

其中，一般 $R_B \gg R_C$；$R_B$ 为几百 $k\Omega$，$R_C$ 为几 $k\Omega$。

## 二、放大器的图解分析

放大器的图解分析法是利用晶体管的特性曲线通过作图的方法来分析放大电路的基本性能，直观是图解分析法的特点。

图解分析法的步骤：先分析无输入信号时的静态特性，再分析有信号输入时的动态特性。

### 1. 静态特性分析

（1）任务：求解静态工作点 $Q$。（管子各极电流和各电极之间的电压）

（2）静态工作点 $Q$ 的定义：在未加交流信号的情况下，在固定直流偏压作用下，$I_{BQ}$、$I_{CQ}$、$U_{BEQ}$、$U_{CEQ}$ 均为一个固定的值。它们在曲线上对应着一个固定的点，即 $Q$ 点。

（3）在给定电路中求解静态工作点 $Q$。（以共射电路为例）

由于晶体管为非线性元件，它的输出伏安关系符合它的输出特性曲线。而晶体管所带的负载是电阻，它是线性元件。伏安关系符合基尔霍夫定律，为一条直线（我们将在放大器直流输出回路中满足电压和电流关系的这一条直线称为直流负载线）放大电路既要满足晶体管的非线性特性曲线，又要满足负载电阻的直线，那么只能将这两条线画在同一个坐标系中，从中取它们的交点，这个交点即为 $Q$ 点。图解法可以直观地反映出 $Q$ 点的改变对放大作用的影响。求解静态工作点 $Q$ 的步骤如下：

① 列输入方程，求出 $I_{BQ}$：$I_B = \dfrac{U_{CC} - U_{BB}}{R_B}$，其中 $U_{BE} = 0.6\text{V}$。

② 列输出方程，在 $I_C \sim U_{CE}$ 图中画出直流负载线，如图 2-1-2 所示。

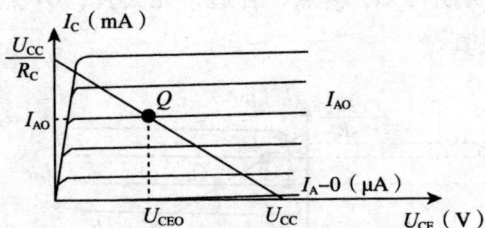

图 2-1-2

③ 根据公式：$U_{CE} = U_{CC} - I_C R_C$，分别取当 $I_C = 0$ 时，$U_{CE} = U_{CC}$；当 $U_{CE} = 0$ 时，$I_C = \dfrac{U_{CC}}{R_C}$；将这两点连上即得到直流负载线。

④ 从图上找出两条线的交点，即静态工作点 $Q$，在图上对应标出 $I_{AO}$、$U_{CEO}$。

**2. 动态特性分析**

动态特性（在静态特性求解完成的基础上分析）是指电路工作在放大状态的条件下，外加交流电压作用时，各个电极电压、电流的变化情况。

（1）当外加交流电压或电流信号时，由于管子和负载要同时满足它们各自的伏安关系曲线，所以工作点将会沿着负载线上下移动。

（2）在有外加输入信号作用时，输出的信号为直流和交流的叠加。

① 交流负载线。

画出输出回路的交流通路。由于交流负载的改变，使得交流负载线为一条通过静态工作点 $Q$，但是斜率改变为 $-\dfrac{1}{R_C /\!/ R_L}$ 的直线，如图 2 - 1 - 3 所示。

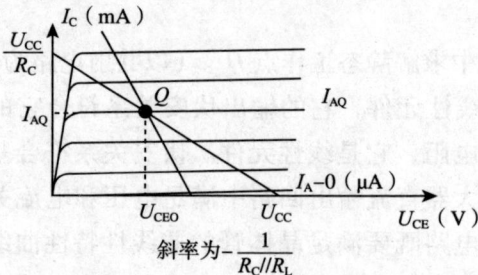

图 2 - 1 - 3

② 失真分析。

分析静态工作点、输入信号幅度、负载电阻大小对输出波形的影响。

a. 负载一定时，共射电路有倒像。

从图 2 - 1 - 4 中分析可知：$Q_1$ 点，合适，无失真；$Q_2$ 点，太高，饱和失真；$Q_3$ 点，太低，截止失真。

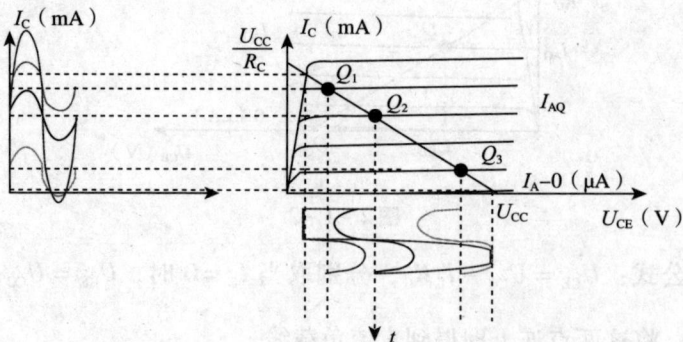

图 2 - 1 - 4

26

b. 输入信号幅度过大也会造成失真。

c. 如图 2 – 1 – 5 所示，$U_{CC}$ 一定时，$R_L$ 越小，负载线越陡。当 $R_L$ 过大时，会造成饱和失真。

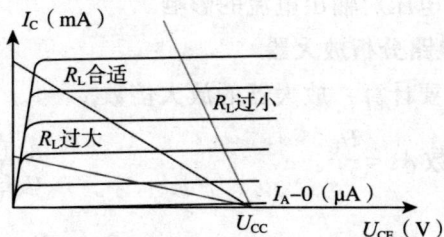

图 2 – 1 – 5

结论：

放大器工作无失真条件为：Q 点选择要合适；输入信号幅度不能过大；负载大小要合适。

### 三、放大器的等效电路分析法

等效电路分析法是用于放大器动态分析的主要方法之一。对放大器进行动态分析有两种方法，一是"图解分析法"；二是"等效电路分析法"。

① 图解分析法：可以画出来，直观。用来研究大信号、非线性失真。

② 等效电路法：不好画，用来分析小信号，进行定量的计算。

等效电路分析法中的"等效"二字，是指放大器对于信号的等效形式，而信号是指变化量，泛指各种不同大小、不同频率的正弦交流信号，所以等效电路分析法常常也说成是"交流等效电路分析法"或"微变等效电路分析法"。利用等效电路分析法，可以直接分析出信号通过放大器前后的变化，从而了解放大器的主要特性。

**1. 晶体管 h 参数等效电路**（见图 2 – 1 – 6）

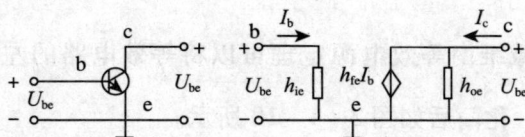

图 2 – 1 – 6

其中，受控源的极性要根据 $U_{be}$ 的方向来确定。

$h_{ie} = \dfrac{U_{be}}{I_b}\bigg|_{U_{ce}-0}$ 输出交流短路时的输入电阻；$h_{oe} = \dfrac{I_c}{U_{ce}}\bigg|_{I_b-0}$；$h_{oe} = \dfrac{I_c}{U_{ce}}\bigg|_{I_b-0}$ 输

出交流短路时的电流放大系数 $\beta$；$h_{oe} = \dfrac{I_c}{U_{ce}}\Big|_{I_b=0}$ 输出交流开路时的输出电导，很小，可忽略。

其中，它说明输出电压对输出电流的影响。

**2. 用 h 参数等效电路分析放大器**

共射极放大电路需要计算：放大器的放大倍数

$A = \dfrac{U_O}{U_I}$；源电压放大倍数 $A_S = \dfrac{U_O}{U_S}$。

分析步骤：

① 画出放大电路的交流通路，如图 2 - 1 - 7 所示。（电容短路，直流电源接地）。

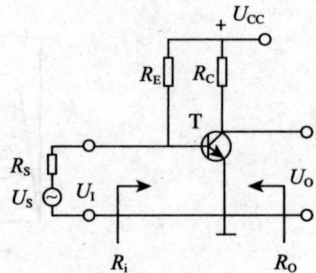

图 2 - 1 - 7

② 画 h 参数等效短路图，如图 2 - 1 - 8 所示。

（将晶体管 h 参数等效电路去替代交流通路中的晶体管。将等效电路的 e、b、c 相应地接在电路中的 e、b、c 上。）

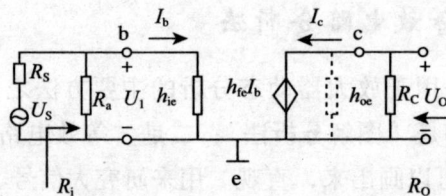

图 2 - 1 - 8

③ 计算 $A$。

$$A = \frac{U_O}{U_I},\ 其中：U_O = -h_{fe}I_bR_C；\ I_b = \frac{U_I}{h_{ie}}；\ U_O = -\frac{h_{fe}U_IR_C}{h_{ie}}。$$

故 $A = -\dfrac{h_{fe}R_C}{h_{ie}}$（负号表示输入和输出信号之间有倒像）。

④ 计算 $A_S$。

$A_S = \dfrac{U_O}{U_S}$，应用戴维南等效电源定理可以将等效电路的左半部分进行化简，如图 2 - 1 - 9 所示。化简后如图 2 - 1 - 10 所示。

$$U_S' = \frac{R_b}{R_S + R_b}U_S；\ R' = R_S /\!/ R_b；\ I_b = \frac{U_S'}{R_S' + h_{ie}}。$$

$$A_S = \frac{U_O}{U_S} = -\frac{R_C h_{fe} I_b}{\dfrac{R_S + R_b}{R_b}U_S} = -\frac{R_C h_{fe} I_b}{(R_S + h_{ie})\,I_b}\frac{R_b}{R_S + R_b} = -\frac{R_b}{R_S + R_b}\frac{R_C h_{fe}}{R_S + h_{ie}}$$

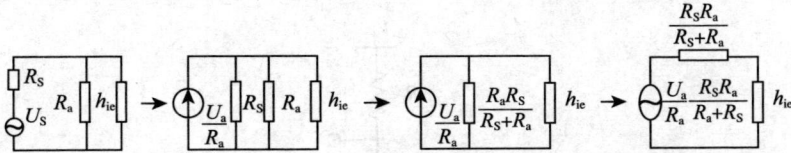

图 2 - 1 - 9

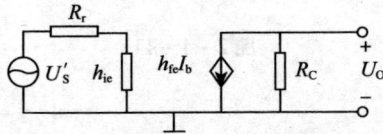

图 2 - 1 - 10

如果满足 $R_b \geqslant R_S$ 的条件，则有 $R'_S = R_S /\!/ R_b \approx R_S$，上式可以化简为

$$A_S = \frac{R_C h_{fe}}{R_S + h_{ie}}$$

① 放大器的输入电阻 $R_I = R_b /\!/ h_{ie}$。

② 放大器的输出电阻 $R_O \approx R_C$。

### 3. 放大倍数的对数表示法

人对声音和光线的感觉的强弱与它们功率的对数成正比。即：声音功率增强一倍，人没觉得强烈了那么多。只有对当功率的数值增强一倍时，人们才感觉对比强烈。因此，放大倍数常采用对数表示，其单位为分贝（贝尔）。贝尔取功率放大倍数以 10 为底的对数值。

$\lg A_P = \lg \dfrac{P_o}{P_I}$ 贝尔，1 贝尔 = 10 分贝 （dB）。

因为功率和电压/电流的平方成正比，所以 $\lg \dfrac{U_o^2}{U_I^2} = 20 \lg A_u \mathrm{dB}$，$\lg \dfrac{I_o^2}{I_I^2}$ $= 20 \lg A_I \mathrm{dB}$。

例：功率放大 10 倍　　　　$\lg 10 = 10 \mathrm{dB}$

　　电压放大 10 倍　　　　$2 \lg 10 = 20 \mathrm{dB}$

　　功率增大 1 倍　　　　$10 \lg 2 = 3 \mathrm{dB}$

　　电压增大 1 倍　　　　$2 \lg 2 = 6 \mathrm{dB}$

### 4. 共基极放大器的特点

共基极放大器电路图如图 2 - 1 - 11 所示，电路有电压放大倍数，大小与共射电路相同，方向与共射电路相反。即输入信号和输出信号同相。无电流放大倍数 $I_C \approx I_E$。

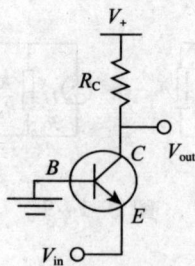

**图 2 – 1 – 11**

## 四、多级放大器

（1）耦合方式

多级放大器耦合分为直接耦合、阻容耦合、变压器耦合三种。

（2）多级放大器的放大倍数

① 总放大倍数（增益）＝各级放大器放大倍数（增益）的乘积。

② 总放大倍数（分贝）＝各级放大器放大倍数（分贝）的和。

# 第二节　反馈放大器的基本概念

## 一、反馈的概念

反馈，即把放大器输出信号（电压或电流）的一部分（或全部）送回输入端，如图 2 – 2 – 1 所示。

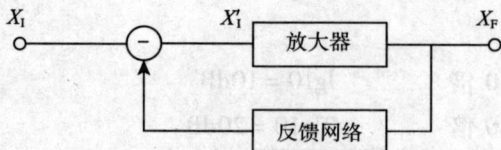

**图 2 – 2 – 1**

净输入信号 $X_I'$ ＝原外加信号 $X_I$ ＋反馈信号 $X_F$。

很显然，正反馈使放大倍数增加；负反馈使放大倍数下降。

负反馈在放大器中的作用如下。

（1）交流：①稳定放大量；②减小非线性失真；③扩展同频带。

（2）直流：稳定静态工作点 $Q$。

## 二、单级反馈电路

（1）无反馈（如图 2 - 2 - 2 所示）。

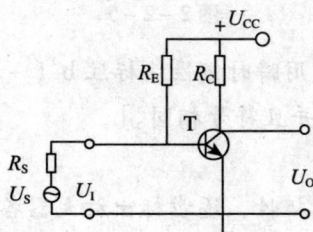

图 2 - 2 - 2

（2）$R_E$：串联—电流—负反馈（如图 2 - 2 - 3 所示）。

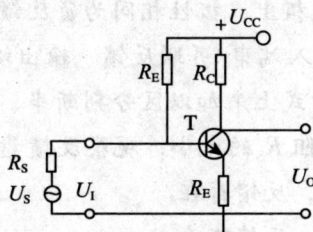

图 2 - 2 - 3

（3）$R_F$：并联—电压—负反馈（如图 2 - 2 - 4 所示）。

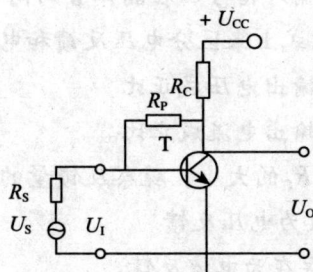

图 2 - 2 - 4

判断反馈性质首先要判断电路有无反馈存在。其中（1）无；（2）、（3）有。

判断步骤：

（1）先判断有无反馈。（有；反馈支路 $R_F$）

（2）实际分析如图 2 - 2 - 5 所示。

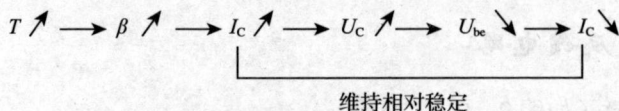

$$T \nearrow \longrightarrow \beta \nearrow \longrightarrow I_C \nearrow \longrightarrow U_C \nearrow \longrightarrow U_{be} \searrow \longrightarrow I_C \searrow$$

维持相对稳定

图 2 - 2 - 5

（3）判断反馈类别。[用瞬时极性法标注 b（+）；e（+）；输入信号和反馈信号加在管子不同电极，并且符号相同。]

步骤：

① 假定输入信号的瞬时极性，逐步标出放大器各级输入和输出电压的极性。

② 将反馈电压的瞬时极性和输入电压的瞬时极性相比较。

判断：

① 两个信号加到同一电极上，极性相反为负反馈；极性相同为正反馈。

② 两个信号加到不同电极上，极性相同为负反馈；极性相反为正反馈。

（4）判断反馈性质：输入端串/并联反馈、输出端电流/电压反馈。

① 从输入电路的连接方式上来加以区分判断串、并联反馈。

第一，从改变信号源内阻 $R_S$ 的大小，观察反馈量的变化来区分。

串联反馈：信号源短路，反馈存在。

并联反馈：信号源短路，反馈不存在。

第二，从反馈量的连接形式上区分。

串联反馈：反馈信号与输入信号加在晶体管的不同电极上。

并联反馈：反馈信号与输入信号加在晶体管的同一电极上。

② 从输出电路的连接方式上来区分电压反馈和电流反馈。

电压反馈：反馈电压和输出电压成正比。

电流反馈：反馈电流和输出电流成正比。

第一，从改变负载电阻 $R_C$ 的大小，观察反馈量的变化来区分。

当 $R_C \downarrow$ 至 0 时，$U_F \downarrow$ 至 0 为电压反馈。

当 $R_C \downarrow$ 至 0 时，$I_F$ 依然存在为电流反馈。

第二，从连接形式上区分。

当反馈信号和输出信号接在同一点上时为电压反馈。

当反馈信号和输出信号接在不同点上时为电流反馈。

注意：当负载不变的条件下，输入信号变化，输出信号也随之变化，并且电压和电流成正比。由此可见，当负载不变时，电压反馈和电流反馈无区别。

### 三、两级反馈电路

判断有无反馈：（本级；越级）

本级：$T_1$管：无反馈；$T_2$管：有反馈，反馈支路——$R_{E2}$。

越级：$T_1$管——$T_2$管：有反馈，反馈支路——$R_F$。

用瞬时极性法进行标注：（见图 2 - 2 - 6）

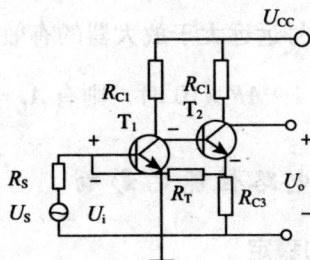

图 2 - 2 - 6

结论：

本级：$T_1$管无反馈；$T_2$管有反馈，反馈支路为 $R_{E2}$；负反馈。

越级：$T_1$管、$T_2$管有反馈，反馈支路为 $R_F$；负反馈。

## 四、负反馈放大电路的一般表达式（见图 2 - 2 - 7）

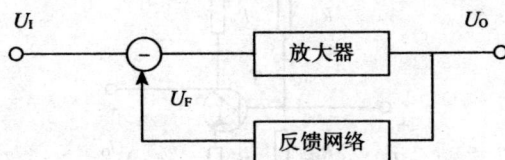

图 2 - 2 - 7

开环电压增益

$$A = \frac{U_o}{U_I'}$$

电压反馈系数

$$F = \frac{U_F}{U_o}$$

环反馈系数

$$\frac{U_F}{U_I'} = \frac{U_F}{U_o} \frac{U_o}{U_I'} = AF$$

电压反馈深度

$$F = 1 + AF$$

闭环电压增益（加反馈后的电压放大倍数）

$$A_F = \frac{U_O}{U_I} = \frac{U_O}{U_I' + U_F} = \frac{\dfrac{U_O}{U_I'}}{1 + \dfrac{U_F}{U_I'}} = \frac{A}{1 + AF}$$

深度负反馈是指反馈信号远远大于放大器的有效输入信号的负反馈电路。

深度负反馈情况下，当 $1 + AF > 10$ 时，则有 $A_F = \dfrac{1}{F}$。

## 五、负反馈对放大电路性能的影响

### 1. 放大器静态工作点的稳定

（1）放大器静态工作点不稳定的因素

① 受温度影响：$I_{CBO}$、$U_{BE}$、$\beta$ 都会使 $Q$ 点提高。

② 晶体管 $\beta$ 值的离散性。（20～200 均合格）

（2）稳定 $Q$ 点的偏置电路

如图 2-2-8 所示，其电路为串联—电流负反馈。

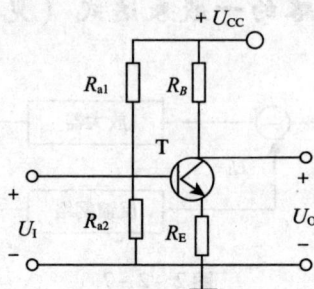

图 2-2-8

① $U_B = U_{CC} \dfrac{R_{B2}}{R_{B1} + R_{B2}}$；② $U_E = U_B - U_{BE}$；③ $I_{CQ} \approx I_{EQ} = \dfrac{U_E}{R_E}$；④ $I_{BQ} = \dfrac{I_{EQ}}{1 + \beta}$；

⑤ $U_{CEQ} = U_{CC} - I_{CQ}(R_C + R_E)$，联立①②③④⑤式，可得

$$A_F = -\frac{\beta R_C}{r_{be} + (1 + \beta) R_E}$$

由于 $I_B$ 可以忽略，$U_{BQ}$ 可以视为不随温度变化的固定电位。

电路稳定 $Q$ 点的过程如图 2-2-9 所示。

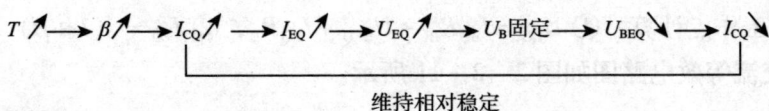

$$T \nearrow \longrightarrow \beta \nearrow \longrightarrow I_{CQ} \nearrow \longrightarrow I_{EQ} \nearrow \longrightarrow U_{EQ} \nearrow \longrightarrow U_B固定 \longrightarrow U_{BEQ} \searrow \longrightarrow I_{CQ} \searrow$$

维持相对稳定

图 2 - 2 - 9

其中，实际上稳定的是电流 $I_{CQ}$，而不是电流 $I_{BQ}$。

（3）放大倍数的稳定性

① 电压反馈稳定输出电压，电流反馈稳定输出电流。

② 直流反馈稳定静态工作点，交流反馈改善交流性能。

③ 加入负反馈后，放大倍数比从前提高了 $1 + AF$ 倍。

**2. 负反馈对输入、输出电阻的影响**

串联反馈提高输入电阻，并联反馈降低输入电阻。

电压反馈降低输出电阻，电流反馈提高输出电阻。

**3. 负反馈对非线性失真的影响**

采用负反馈使有效输入信号波形产生预失真，负反馈越深，非线性失真消除得越好，增益也越小。需要注意的是，在开环时，动态范围必须留有余量。

**4. 负反馈对噪声的影响**

反馈环前必须加一个放大器 $A_0$ 才可以提高信噪比，使得纯信号增大，噪声干扰信号降低。否则，会达不到理想效果。

## 六、两种常用的负反馈放大电路

**1. 射极输出器（共集电极放大器）**

（1）电路介绍

射极输出器的电路为串联—电压负反馈，并且输出电压全部反馈回到输入端。如图 2 - 2 - 10 所示。

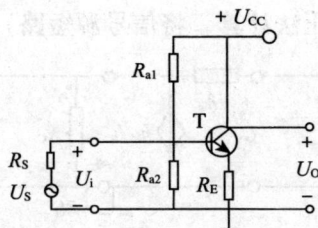

图 2 - 2 - 10

（2）特性分析

静态工作点计算：① $U_{CC} = I_{BQ}R_{BI} + U_{BEQ} + I_{EQ}R_E$，② $I_{EQ} = （1 + \beta）I_{BQ}$。

① 交流等效电路图如图 2-2-11 所示。

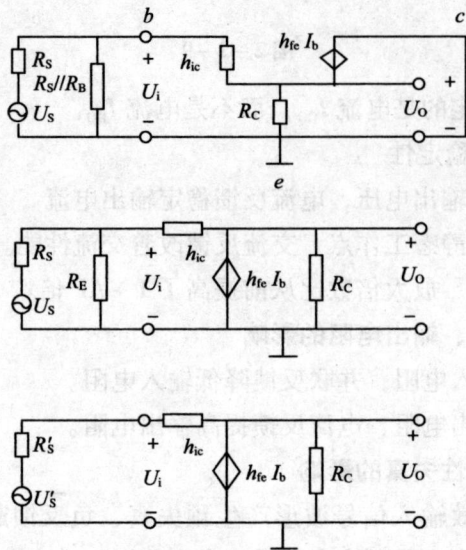

图 2-2-11

② 应用戴维南等效电源定理进行如下计算：

$$R'_S = R_S \parallel R_B，\quad U'_S = \frac{R_B}{R_S + R_B}U_S。$$

电压放大倍数

$$A_f = \frac{U_0}{U_i} = \frac{I_e R_E}{I_b \left[h_{ie} + （1 + h_{fe}）R_E\right]} = \frac{（1 + h_{fe}）R_E}{h_{ie} + （1 + h_{fe}）R_E} \leqslant 1$$

输入电阻

$$R_{if} = \frac{U_i}{I_b} = \frac{I_b \left[h_{ie} + （1 + h_{fe}）R_E\right]}{I_b}h_{ie} = + （1 + h_{fe}）R_E$$

输出电阻：（用外加电压法计算，将信号源短路）

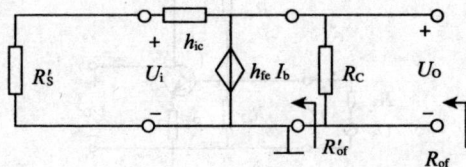

图 2-2-12

$$R'_{of} = \frac{U}{I} = \frac{-I_b\ (R_S /\!/ R_B + h_{ie})}{-\ (1 + h_{fe})\ I_b} = \frac{h_{ie} + R_S /\!/ R_B}{1 + h_{fe}}$$

$$R_{of} = R_E /\!/ R'_{of}$$

（3）射极输出器的特点

① 输入电阻大，输出电阻小（可以作为多级放大器的输入级，或作为隔离用）。

② 电压放大倍数近似为1。

③ 输入、输出信号同相。

**2. 恒流管电路**

（1）电路介绍

恒流管电路为电流—串联负反馈，作为二端网络来使用，如图 2 - 2 - 13 所示。

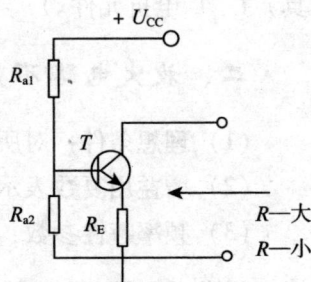

图 2 - 2 - 13

与分压式稳定 Q 点的共射电流类似，由于 $U_B$ 固定，所以输出电流基本固定，不随 $U_{CD}$ 变化，从而实现恒流作用。

（2）特性分析

① 输出电流

$$I_C = I_E = \frac{U_{BB} - U_{BE}}{R_E}$$

② 输出直流电阻

$$R_- = \frac{U_{CD}}{I_C}\ （小）$$

③ 输出交流电阻

$$R_- = \frac{\Delta U_{CD}}{\Delta I_C}\ （大）$$

# 第三节　频率特性的分析法

## 一、放大器的频率特性

**1. 放大器的频率特性（响应）定义**

放大器的放大量随着信号频率变化的状态称为放大器的频率特性。

**2. 非线性失真和频率失真的对比**

将幅度相同而频率不同的信号加入放大电路的输入端，会出现输出信号的波形与输入信号的波形不同的现象，称为频率失真。

非线性失真：由于晶体管工作在非线性区，对幅度大小不同的信号放大量不同。

频率失真：放大器对不同频率的信号放大量不同。（由于电路中有（线性失真）L、C 电抗元件。）

## 二、放大电路不产生频率失真的条件

（1）理想条件：对所有频率成分同等放大，相移和频率成正比。

（2）增益用复数表示：$A\angle\varphi$。

（3）频率特性参数：为了将失真控制在一定范围内，把半功率点（半功率点，相当于电压或电流的 $\frac{1}{\sqrt{2}}$ 或 0.707）作为放大器放大倍数下降的最大允许值。

① 截止频率：电压或电流放大倍数减至 0.707 倍时的频率。（下截止频率 $f_L$；上截止频率 $f_H$。）

② 通频带：两个截止频率之间的频带，$BW = f_H - f_L$，如图 2 - 3 - 1 所示。

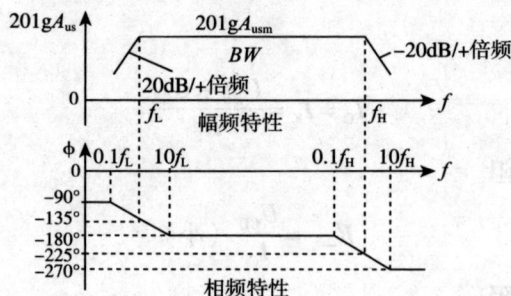

图 2 - 3 - 1

## 三、分析频率特性的工程简化法

分频段简化处理，步骤：

① 画出等效电路图。

② 分频段对等效电路进行简化。

③ 求时间常数 $\tau$。

④ 求上、下截频。

⑤ 画出波特图。

## 四、晶体管的高频参数及等效电路

其中，所有的放大器的放大倍数都会在高频端下降。

**1. PN 结电容（引起高频特性变化的主要原因）**

PN 结电容分为两部分，即势垒电容和扩散电容。

（1）势垒电容：正、负离子层在外加电压发生变化时发生变化，从而在外电路产生容性电流的等效电容称为势垒电容。

（2）扩散电容：当 PN 结外加正向电压时，由于扩散作用会破坏半导体的电中性，这时将会由外电路补充进来异性载流子来保持电中性。P 区和 N 区即形成了空穴和电子对的储存。这种因扩散作用而在外电路产生的容性电流的等效电容称为扩散电容。

**2. 共射极混合π等效电路**

（1）晶体管的高频分析

在高频段，e 结和 c 结都会产生容性电流。以共射电路为例（见图 2 - 3 - 2）：

c 结反偏：势垒电容；e 结正偏：扩散电容。

因为当频率很高时，电容的容抗为 $\dfrac{1}{\omega C}$，所以

两个电容都不能忽略。

由于 c 结反偏，所以 $r_{b'c}$ 很大，可以视为开路。

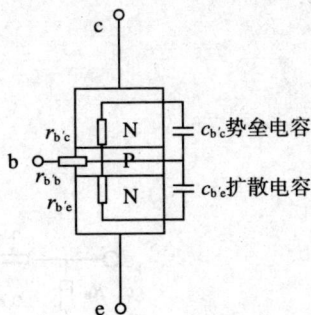

图 2 - 3 - 2

（2）共射极混合π等效电路参数

如图 2 - 3 - 3 所示，其中，$r_{b'b}$ 为基区体电阻，约为 300 Ω，$g_m$ 为跨导。

$$g_m = \frac{I_c}{U_{b'e}} = \frac{I_b}{U_{b'e}} h_{fe} = \frac{h_{fe}}{r_{b'e}} = \frac{h_{fe} I_{BQ}}{26} = \frac{I_{CQ}}{26}, \quad g_m U_{b'e} = \frac{I_c}{U_{b'e}} U_{b'e} = I_c = \beta I_b$$

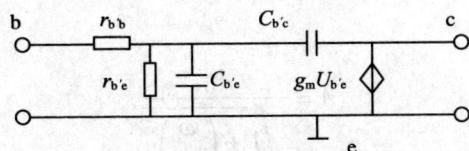

图 2 - 3 - 3

（3）高频段等效电路（将 $C_{b'c}$ 分别折合到输入、输出端来算）

如图 2 - 3 - 4 所示，$C_M = (1 + g_m R_C) C_{b'c}$，$C_{b'e} /\!/ C_M \geqslant C_{b'c}$，$C_M$ 称为"密勒电容"。

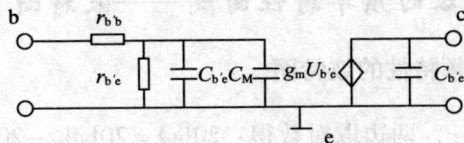

图 2 - 3 - 4

频率参数：

截止频率（$f_\beta$）：当 $\beta$ 下降为中频时的 0.707 倍的时候，所对应的频率称为截止频率。

特征频率（$f_T$）：当 $\beta$ 下降为 1 时的频率，称为特征频率。

## 五、纯阻负载单极放大器的高频特性

纯阻负载单极放下器电路及等效电路如图 2-3-5 所示。

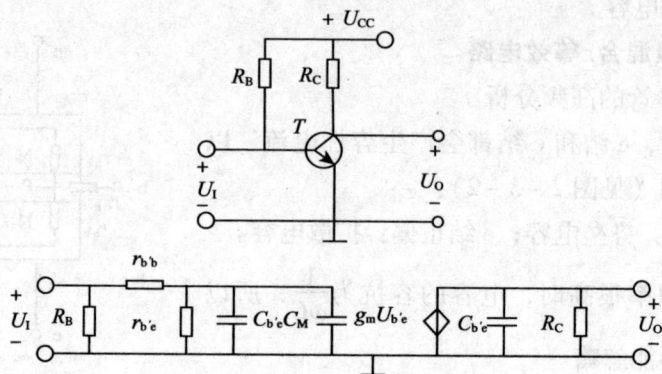

图 2-3-5

（1）增益

$$A = \frac{A_0}{1 + j\dfrac{\omega}{\omega_H}}$$

（2）幅频

$$A = \frac{A_0}{\sqrt{1 + \left(\dfrac{\omega}{\omega_H}\right)^2}}$$

（3）相频

$$\varphi(\omega) = -\operatorname{arctg}\frac{\omega}{\omega_H}$$

## 六、单极放大器的频率特性曲线——波特图

### 1. 用折线表示幅频特性的波特图

由 $A = \dfrac{A_0}{\sqrt{1 + \left(\dfrac{\omega}{\omega_H}\right)^2}}$，两边取对数得：$20\lg A = 20\lg A_0 - 20\lg\dfrac{\omega}{\omega_H}$。

① 当 $\omega = \omega_H$ 时，$20\lg A = 20\lg A_0 - 3$。

② 当 $\omega = 10\omega_H$ 时，$20\lg A = 20\lg A_0 - 20$。

③ 当 $\omega = 0$ 时，$20\lg A = 20\lg A_0$。

结论：频率每升高 10 倍，幅模减小 20dB。

设：$A_0 = 100$；$f_H = 1\text{MHz}$。

作幅频特性波特图，如图 2-3-6 所示。

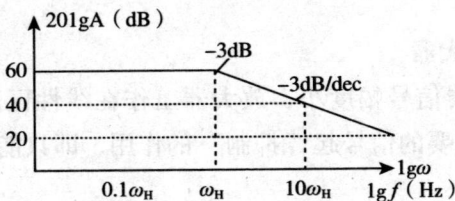

图 2-3-6

## 2. 用折线表示的相频特性波特图

由 $\varphi(\omega) = -\arctan\dfrac{\omega}{\omega_H}$ 分析：

① 当 $\omega = \omega_H$ 时，$\varphi(\omega) = -\arctan 1 = -45°$。

② 当 $\omega = 10\omega_H$ 时，$\varphi(\omega) = -90°$。

③ 当 $\omega = 0.1\omega_H$ 时，$\varphi(\omega) = 0°$。

结论：频率每升高 10 倍，就产生 -45° 相移。

作相频特性波特图，如图 2-3-7 所示。

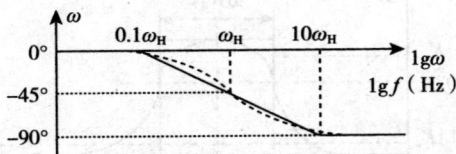

图 2-3-7

## 七、晶体管的带宽增益乘积

放大器的带宽与增益是一对矛盾体：负载增大，增益增大，上截频下降；负载减小，增益减小，上截频升高。

一般采用放大倍数乘以上截频的积来衡量一个器件的高频放大能力。

晶体管的带宽增益乘积是由晶体管本身的参数决定的。要想提高增益带宽乘积，应选用 $r_{b'b}$、$C_{b'c}$ 的管子。

41

# 第四节  小信号选频放大电路

## 一、小信号选频放大器概述

### 1. 小信号选频放大器

小信号选频放大器信号幅度小，放大器工作在线性区。对所需要的信号起"放大"作用，对不需要的信号起"抑制"的作用，即只能放大某个频率或某个频率范围的信号。

### 2. 小信号选频放大器的结构

小信号选频放大器的结构如图 2-4-1 所示。

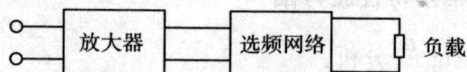

图 2-4-1

### 3. 频率特性

如图 2-4-2 所示，通频带（允许频率通过的范围）为

$$BW_{0.7} = f_H - f_L$$

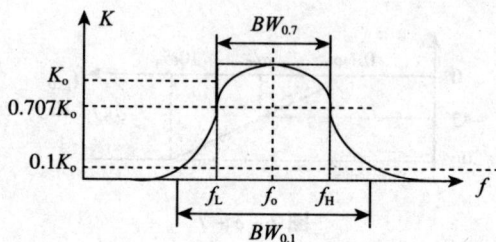

图 2-4-2

### 4. 指标

（1）中心频率（谐振频率）为 $f_o$。

（2）通频带

$$BW_{0.7} = f_H - f_L$$

（3）矩形系数

$$D = \frac{BW_{0.7}}{BW_{0.1}}$$

理想情况下，矩形系数 $D = 1$；实际情况下，矩形系数 $D < 1$。

（4）品质因数

$$Q = \frac{\text{回路储存能量}}{\text{一周期耗能}} \times 2\pi$$

## 二、$LC$ 单振荡回路

**知识回顾**：$Q = \dfrac{\text{回路储存能量}}{\text{一周期耗能}} \times 2\pi$，$\omega_0 = \dfrac{1}{\sqrt{LC}}$，$f_0 = \dfrac{1}{2\pi \sqrt{LC}}$。

### 1. 串联谐振回路

如图 2 - 4 - 3 所示，$Q_{\text{串}} = \dfrac{\omega_0 L}{r} = \dfrac{1}{\omega_0 Cr}$，当 $f > f_0$ 时为"感性"，当 $f < f_0$ 时为"容性"。

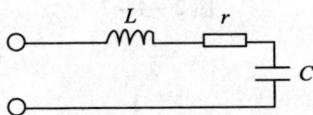

图 2 - 4 - 3

### 2. 并联谐振回路

如图 2 - 4 - 4 所示，当 $f > f_0$ 时为"容性"，当 $f < f_0$ 时为"感性"。

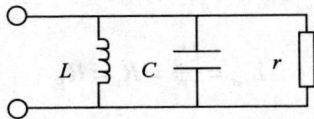

图 2 - 4 - 4

### 3. $LC$ 单振荡回路

电路如图 2 - 4 - 5 所示。

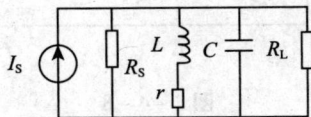

图 2 - 4 - 5

电路化简如图 2 - 4 - 6 所示。

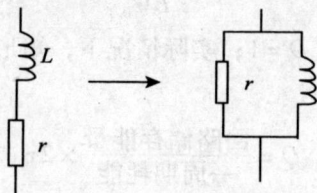

图 2 - 4 - 6

若 $L$、$r$ 支路为高 $Q$ 支路，即 $Q \geqslant 10$ 时，则：$L = L'$，$R_0 = \dfrac{\omega_0^2 L^2}{r} = Q_{串}^2 r$。

如图 2 - 4 - 7 所示。

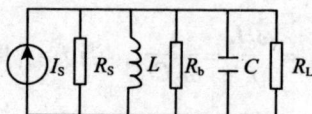

图 2 - 4 - 7

谐振角频率

$$\omega = \frac{1}{\sqrt{LC}}$$

回路总品质因数

$$Q_{总} = Q_{并} = \frac{R_{总}}{\omega_0 L}, \ R_{总} = R_S // R_0 // R_L$$

谐振时传输阻抗

$$Z_{tm} = \frac{U_0}{I_S} = R_t = R_{总}$$

结论：如图 2 - 4 - 8 所示，$Q$ 值越高，曲线越尖锐，通频带越窄，选择性越好。

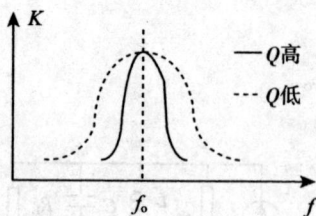

图 2 - 4 - 8

### 4. 提高 $Q$ 值的部分接入法电路

提高 $Q$ 值的部分接入法电路如图 2 - 4 - 9 所示。

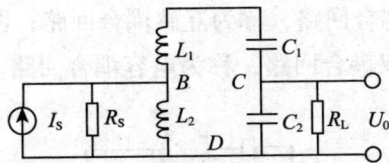

图 2 - 4 - 9

步骤：

（1）根据功率等效，将部分接入电路转化成全部接入电路

负载：$P_L = \dfrac{U_{CD}^2}{R_L} = P_L' = \dfrac{U_{AD}^2}{R_L'}$，$R_L' = R_L \left( \dfrac{U_{AD}}{U_{CD}} \right)^2$。

内阻：$P_S = \dfrac{U_{BD}^2}{R_S} = P_S' = \dfrac{U_{AD}^2}{R_S'}$，$R_S' = R_S \left( \dfrac{U_{AD}}{U_{BD}} \right)^2$。

信号源：$P = I_S U_{BD} = P' = I_S' U_{AD}$，$I_S' = I_S \dfrac{U_{BD}}{U_{AD}}$。

输出电压：$P = \dfrac{U_0^2}{R_L} = P' = \dfrac{U_0'^2}{R_L'} = \dfrac{U_0'^2}{R_L \left( \dfrac{U_{AD}}{U_{CD}} \right)^2}$，$U_0' = U_0 \dfrac{U_{AD}}{U_{CD}}$。

接入系数：$P_S = \dfrac{U_{BD}}{U_{AD}}$；$P_L = \dfrac{U_{CD}}{U_{AD}}$。

均为：$P = \dfrac{短}{长}$，$P_S = \dfrac{L_2}{L_1 + L_2}$，

$P_L = \dfrac{U_{CD}}{U_{AD}} = \dfrac{1}{\dfrac{1}{SC_1} + \dfrac{1}{SC_2}} \cdot \dfrac{1}{SC_2} = \dfrac{1}{\dfrac{SC_2 + SC_1}{S^2 C_1 C_2}} \cdot \dfrac{1}{SC_2} = \dfrac{S^2 C_1 C_2}{S(C_1 + C_2)} \cdot \dfrac{1}{SC_2} = \dfrac{C_1}{C_1 + C_2}$

结论公式：$R_L' = \dfrac{R_L}{P_L^2}$，$R_S' = \dfrac{R_S}{P_S^2}$，$I_S' = I_S P_S$，$U_0' = \dfrac{U_0}{P_L}$。

（2）按照全部接入电路的分析方法计算参数

谐振角频率：$\omega_0 = \dfrac{1}{\sqrt{LC}}$。

回路总品质因数：$Q_总 = Q_并 = \dfrac{R_总}{\omega_0 L}$，$R_总 = R_S' /\!/ R_0 /\!/ R_L'$。

传输阻抗：$Z_{tm} = \dfrac{U_0}{I_S} = R_总 P_L P_S$。

## 三、双耦合谐振回路

### 1. 电路介绍

双耦合谐振回路的电路原理如图 2 - 4 - 10 所示。图 2 - 4 - 10（a）是通过

互感—耦合的串联型双耦合回路，称为互感耦合回路；图 2 - 4 - 10（b）是通过电容 $C$ —耦合的并联型双耦合回路，称为电容耦合回路。

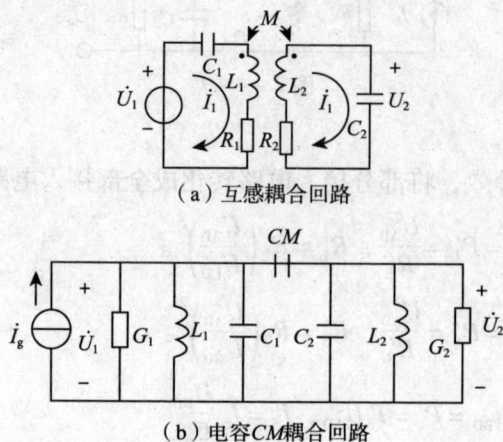

（a）互感耦合回路

（b）电容 $CM$ 耦合回路

图 2 - 4 - 10

### 2. 频率特性

对于双耦合谐振回路来说，其谐振频率值主要取决于初、次级回路的电感（$L$）、电容（$C$）数值大小。而选频特性则与初、次级回路之间的耦合程度（通常用耦合系数 $k$ 来表示）有着密切的联系，改变耦合器件（互感 $M$ 或电容 $CM$）数值，可以改变初、次级回路之间的耦合程度。

双耦合回路的矩形系数与电路参数无关，为一个常数。$K_r$ 双 $> K_r$ 单。

## 四、集中参数选频放大器

集中参数选频放大器包括：石英晶体、陶瓷滤波器、声表面波滤波器。

它们的优点：①频率高；②工作频率范围宽；③稳定性强；④$Q$ 值高；⑤体积小。

# 第五节　场效应管放大电路

## 一、场效应管偏置电路的静态分析

### 1. 自给偏置电路

知识回顾：各种场效应管偏置电路的要求如下。

① 结型场效应管：要求栅极 G 一定要反偏。工作在放大状态时要求

$U_D > U_S > U_G$。

② 绝缘栅型场效应管。

a. 增强型：必须给栅极 G 加正向偏压。要求 $U_D > U_G > U_S$。

b. 耗尽型：所加栅极电压可正、可负（正：同增强型；负：同结型）。

**2. 分压偏置电路**

如图 2 – 5 – 1 所示，该电路带有直流电流—串联负反馈，可以稳定静态工作点。

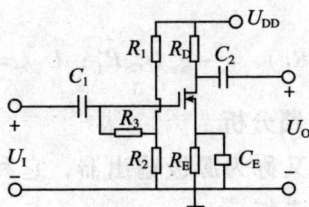

**图 2 – 5 – 1**

静态分析：由于栅极上电流为 0，所以，$R_{G3}$ 上无压降。

$$U_G \approx U_G = U_{DD} \frac{R_{G2}}{R_{G1} + R_{G2}}$$

$$U_S = I_D R_S$$

$$U_{GS} = U_G - U_S$$

## 二、场效应管放大电路的等效电路分析法

**1. 场效应管的简化等效电路**

场效应管简化等效电路如图 2 – 5 – 2 所示。

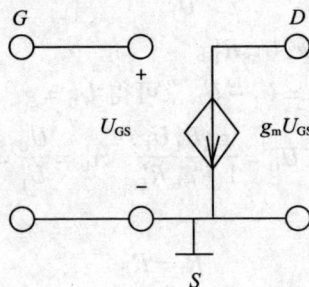

**图 2 – 5 – 2**

**2. 共源放大电路分析**

如图 2 – 5 – 3 所示，以 N 沟道耗尽型绝缘栅型场效应管放大电路为例。

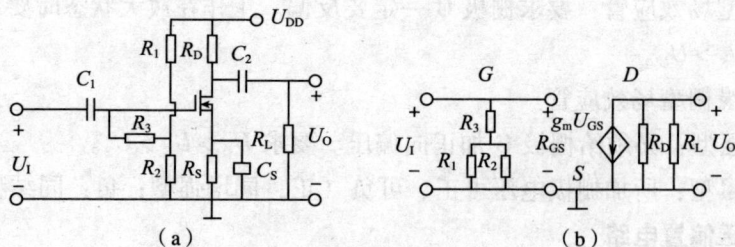

图 2 - 5 - 3

有 $U_O = -g_m U_{GS} (R_D /\!/ R_L) = -g_m U_{GS} R_L'$; $U_{GS} = U_I$; $A_U = \dfrac{U_O}{U_I} = -g_m R_L'$。

**3. 共漏场效应管放大电路分析**

共漏场效应管放大电路又称为源极输出器，它和前面讲过的晶体管的射极输出器类似，具有其相同的特点。

电路与分析如图 2 - 5 - 4 所示。

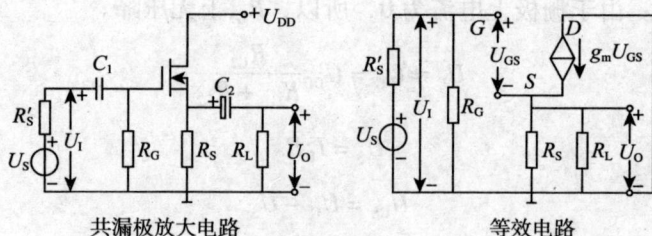

共漏极放大电路　　　　　　等效电路

图 2 - 5 - 4

（1）电压放大倍数

根据电压放大倍数的定义：$A_U = \dfrac{U_O}{U_I}$。

从等效电路可得：$U_O = g_m U_{GS} R_L'$。

又有 $U_I = U_{GS} + U_O$，$U_{GS} = U_I - U_O$，可得 $U_O = g_m (U_I - U_O) R_L'$，

$U_O = g_m R_L' U_I - g_m R_L' U_O$，$U_O = \dfrac{g_m R_L' U_I}{1 + g_m R_L'}$，$A_U = \dfrac{U_O}{U_I} = \dfrac{g_m R_L'}{1 + g_m R_L'} \approx 1$。

（2）输入电阻

$$R_I = R_G$$

（3）输出电阻

根据求输出电阻的方法，令：$U_S = 0$，并在输出端加一信号 $U_2$，如图 2 - 5 - 5 所示，则：

48

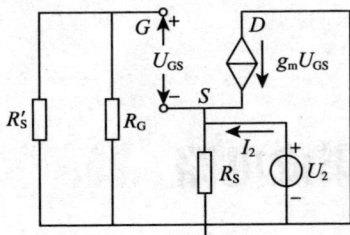

图 2 − 5 − 5

$$I_2 = \frac{U_2}{R_S} - g_m U_{GS}$$

$$U_{GS} = -U_2$$

$$I_2 = \frac{U_2}{R_S} + g_m U_2 = \left(g_m + \frac{1}{R_S}\right) U_2$$

$$R_O = \frac{U_2}{I_2} = \frac{1}{g_m + \frac{1}{R_S}} = \frac{1}{g_m} // R_S$$

**思考题**

如图 2 − 5 − 6 所示，计算下面电路的电压放大倍数、输入电阻、输出电阻。电路参数为 $R_1 = 50\text{k}\Omega$，$R_2 = 150\text{k}\Omega$，$R_G = 1\text{M}\Omega$，$R_D = R_S = 10\text{k}\Omega$，$R_L = 1\text{M}\Omega$，$C_S = 100\mu\text{F}$，$U_{DD} = 20\text{V}$，场效应管为 3DJF，其 $U_P = -5\text{V}$，$I_{DSS} = 1\text{mA}$。

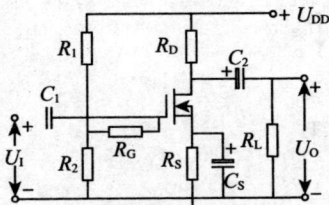

分压式偏置共源极放大电路  共源极放大电路微变等效电路

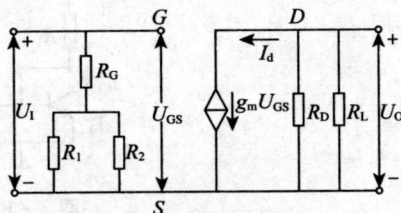

图 2 − 5 − 6

**答案：** 由前例可知，$U_{GS} = -1.1\text{V}$，$I_D = 0.61\text{mA}$，故

$$g_m = \frac{2I_{DSS}}{U_P}\left(1 - \frac{U_{GS}}{U_P}\right) = \frac{2 \times 1}{5}\left(1 - \frac{1.1}{5}\right) = 0.312\text{mA/V}$$

$$A_U = -g_m R_L' = -0.312 \times \frac{10 \times 1000}{10 + 1000} \approx -3.12$$

$$R_1 = R_G + R_1 // R_2 = 1000 + \frac{50 \times 150}{50 + 150} = 1038\text{k}\Omega \approx 1.04\text{M}\Omega$$

$$R_O = R_D = 10\text{k}\Omega$$

# 第三章 模拟集成电路

## 第一节　恒流源电路

### 一、恒流源电路用途

供给放大器作为偏流源或作为有源负载，在振荡器中作为充、放电电流源。

### 二、镜像电流源电路

#### 1. 电路介绍

如图 3 – 1 – 1 所示，$T_1$ 管、$T_2$ 管具有完全相同的参数，并且发射结电压也相同。

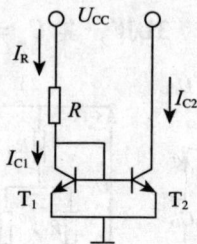

图 3 – 1 – 1

#### 2. 工作原理

$I_{C2}$ 的稳定过程如图 3 – 1 – 2 所示。

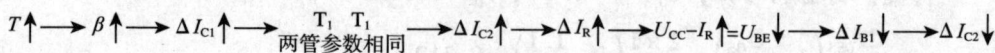

$$T\uparrow \longrightarrow \beta\uparrow \longrightarrow \Delta I_{C1}\uparrow \xrightarrow[\text{两管参数相同}]{T_1\ T_1} \Delta I_{C2}\uparrow \longrightarrow \Delta I_R\uparrow \longrightarrow U_{CC}-I_R=U_{BE}\downarrow \longrightarrow \Delta I_{B1}\downarrow \longrightarrow \Delta I_{C2}\downarrow$$

图 3 – 1 – 2

#### 3. 输出电流的计算

由 $I_{C1}=I_{C2}$，$I_{B1}=I_{B2}=I_B$（由于 $\beta\gg 2$，$I_B$ 忽略不计），$I_R=I_{C1}=I_{C2}$（称为镜像电流），可得：$I_{C2}-I_R=\dfrac{(U_{CC}-U_{BE})}{R}$。

### 三、比例电流源

**1. 电路介绍**

比例电流源电路如图 3 - 1 - 3 所示。

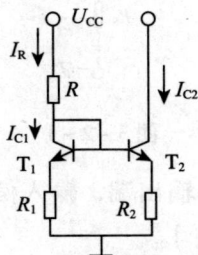

图 3 - 1 - 3

**2. 工作原理**

如图 3 - 1 - 3 所示，和镜像电流源相同。

**3. 输出电流的计算**

由公式 $U_{CC} = RI_R + U_{BE} + R_1 I_{C1}$，$I_{C1} \approx I_R = \dfrac{U_{CC} - U_{BE}}{R_1 + R}$，$R_1 I_{C1} = R_2 I_{C2}$。

可得：$I_{C2} = \dfrac{R_1 I_{C1}}{R_2} = \dfrac{R_1}{R_2} \cdot \dfrac{U_{CC} - U_{BE}}{R_1 + R}$。

# 第二节　差动放大电路

## 一、零点漂移

多级直流耦合放大器中输入端对地短路时，输出电压依然会出现缓慢变化的飘动电压，称为零点漂移，简称零漂或温漂。

为了克服零漂应采用差动放大器。

## 二、基本差动放大器

**1. 电路介绍**

如图 3 - 2 - 1 所示，$T_1$ 管、$T_2$ 管具有相同的参数，并且对称元件的数值相等。（电路具有对称性，在集成电路中，两个管子靠得非常近。）

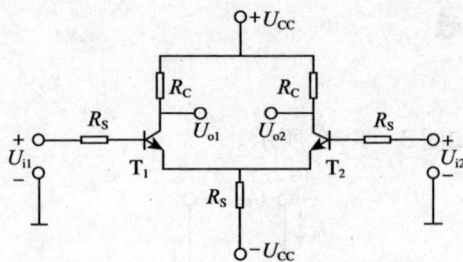

图 3 - 2 - 1

该电路有两个输入端和两个输出端，输入信号加在这两个管子的基极，输出信号取自两个管子的集电极之间。

**2. 静态工作状态分析**

如图 3 - 2 - 2 所示，将交流信号短路。用"半电路法"进行简化：将 $R_E$ 分别画在电路两边，使分开后的电路还保持原电路的伏安关系。

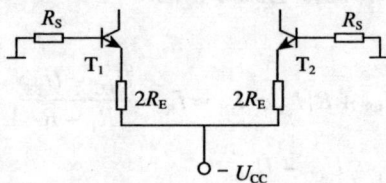

图 3 - 2 - 2

$$I_{BQ} = I_{B1Q} = I_{B2Q} = \frac{U_{CC} - U_{BEQ}}{R_B + 2 \ (1 + \beta) \ R_E}$$

$$I_{C1Q} = I_{C2Q} = \beta I_{BQ} = \frac{U_{CC} - U_{BEQ}}{\dfrac{R_B}{\beta} + 2 \dfrac{1 + \beta}{\beta} R_E} \approx \frac{U_{CC} - U_{BEQ}}{\dfrac{R_B}{\beta} + 2 R_E}$$

**3. 动态特性分析**

差模信号：大小相等，极性相反的一对信号。

共模信号：大小相等，极性相同的一对信号。

其中，差动放大器只对差模信号有放大作用，对共模信号没有放大作用。

## 三、双入、双出差动放大电路

电路完全对称，差模信号放大倍数：$A_d = -\dfrac{\beta R_C}{h_{ie}}$。

共模信号放大倍数：$A_C = 0$。

共模抑制比：$CMRR = \left| \dfrac{A_{\mathrm{d}}}{A_{\mathrm{C}}} \right| = \left| \dfrac{差模增益}{共模增益} \right| = \infty$。

## 四、共模信号和差模信号的分离

（1）差模信号：$\dfrac{U_{\mathrm{I1}} - U_{\mathrm{I2}}}{2}$。

（2）共模信号：$\dfrac{U_{\mathrm{I1}} - U_{\mathrm{I2}}}{2}$。

## 五、具有镜像电流源偏置和负载的差动放大电路

如图 3 - 2 - 3 所示，$T_3$、$T_4$ 为有源负载，$T_5$、$T_6$ 为有源偏置，$T_1$、$T_2$ 为"差动放大器"。利用镜像电流源作为有源负载，将"双入双出"变为"双入单出"，且增益和共模抑制比保持不变。

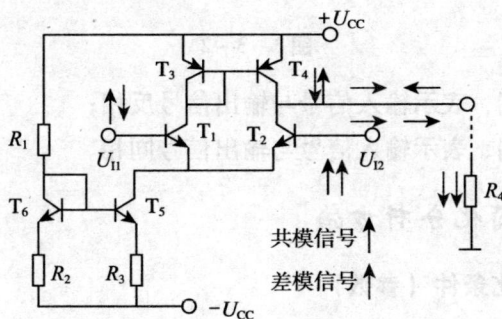

图 3 - 2 - 3

# 第三节　集成运算放大电路

## 一、集成运算放大器的特点（集成电路的特点）

（1）不适合制造大电容，所以采用直接耦合电路。

（2）管子、电阻等元件在同一条件下制造，所以器件参数的对称性好。

（3）二极管全部用三极管的发射结来代替。

（4）不容易制作较大电阻，常用恒流源来代替，或外接电阻。

## 二、集成运放的组成

### 1. 集成运算放大电路的结构

集成运算放大电路的结构如图 3 – 3 – 1 所示。

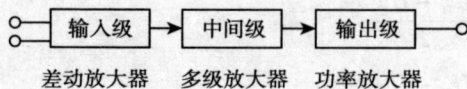

图 3 – 3 – 1

### 2. 集成运算放大电路的符号

集成运算放大电路的符号如图 3 – 3 – 2 所示。

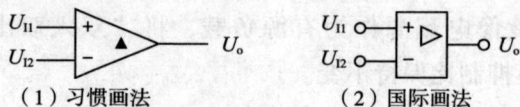

（1）习惯画法　　　　　　（2）国际画法

图 3 – 3 – 2

–：反相输入端，表示输入信号与输出信号反相；

+：同相输入端，表示输入信号与输出信号同相。

## 三、运放的简化分析方法

### 1. 运放的理想化条件（参数）

开环电压增益：$A_{ud} \to \infty$。

开环输入电阻：$R_{id} \to \infty$。

开环输出电阻：$R_0 \to \infty$。

开环带宽：$BW \to \infty$。

共模抑制比：$CMRR \to \infty$。

失调、漂移、内部噪声为 0。

### 2. 运放输入端的两个重要概念

运放工作在深度负反馈条件下，且工作在线性区时，有：

（1）虚短路：$U_+ = U_-$，$A_{ud} \to \infty$，$A_{ud} = \dfrac{U_0}{U_{I1} - U_{I2}} \to \infty$；

（2）虚开路：$I_+ = I_- = Q$，$R_{id} \to \infty$。

# 第四节　集成运放的应用

运放在应用中，对内阻没有特殊要求时，为了方便负载和信号源有公共的接地端，一般是采用电压负反馈。

## 一、基本放大电路

### 1. 反相输入式放大电路

如图 3 - 4 - 1 所示，电路接有电压并联负反馈。

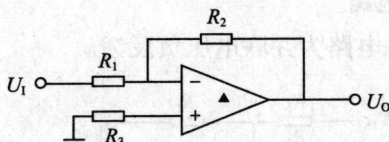

图 3 - 4 - 1

为了克服温漂，使得在两个输入端偏流电阻上产生的压降相等，有：

$$R_P = R_1 /\!/ R_2$$

工作原理：由 $U_+ = U_- = 0$，$I_+ = I_- = 0$，$\dfrac{U_1 - U_-}{R_1} = \dfrac{U_- U_0}{R_2}$，

得：$U_0 = -\dfrac{R_2}{R_1}U_1$，$A_f = -\dfrac{R_2}{R_1}$。

### 2. 同相输入式放大电路

如图 3 - 4 - 2 所示，电路接有电压串联负反馈。

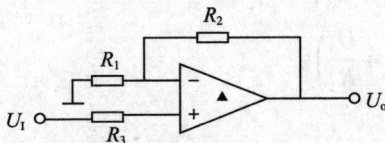

图 3 - 4 - 2

为了克服温漂，使得在两个输入端偏流电阻上产生的压降相等，有

$$R_P = R_1 /\!/ R_2$$

工作原理：由 $U_+ = U_- = U_1$，$I_+ = I_- = 0$，$\dfrac{0 - U_-}{R_1} = \dfrac{U_- - U_0}{R_2}$，

得：$U_0 = \left(1 + \dfrac{R_2}{R_1}\right) U_1$，$A_f = 1 + \dfrac{R_2}{R_1}$。

### 3. 压跟随器

如图 3 - 4 - 3 所示，有：$U_0 = U_1$。

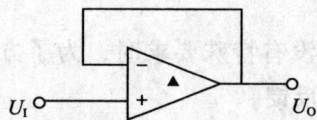

图 3 - 4 - 3

## 二、线性运算电路

### 1. 反相输入式加法电路

如图 3 - 4 - 4 所示，电路为并联电压负反馈。

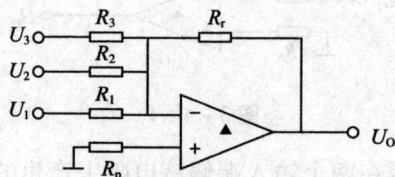

图 3 - 4 - 4

有：$R_P = R_1 /\!/ R_2 /\!/ R_3 /\!/ R_f$，$U_+ = U_- = 0$，$I_+ = I_- = 0$，

由 $\dfrac{U_1}{R_1} + \dfrac{U_2}{R_2} + \dfrac{U_3}{R_3} = -\dfrac{U_0}{R_f}$ 可得 $U_0 = -R_f\left(\dfrac{U_1}{R_1} + \dfrac{U_2}{R_2} + \dfrac{U_3}{R_3}\right)$。

### 2. 同相输入式加法电路

如图 3 - 4 - 5 所示，电路为串联电压负反馈。

有：$R_f /\!/ R_p = R_1 /\!/ R_2 /\!/ R_3$；

得：$U_0 = R_f\left(\dfrac{U_1}{R_1} + \dfrac{U_2}{R_2} + \dfrac{U_3}{R_3}\right)$。

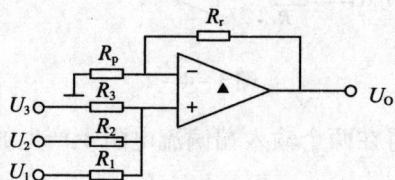

图 3 - 4 - 5

### 3. 减法运算电路

如图 3 - 4 - 6 所示，有：$U_+ = U_- = \dfrac{U_2}{R_1 + R_2} R_2$，$I_+ = I_- = 0$。

由 $\dfrac{U_1 - U_-}{R_1} = \dfrac{U_- - U_0}{R_2}$，可得：$U_0 = \dfrac{R_2}{R_1}$（$U_2 - U_1$）。

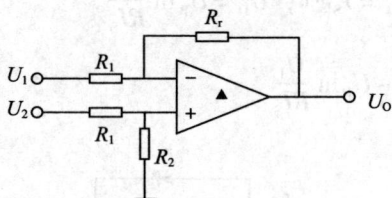

图 3 - 4 - 6

### 4. 积分运算电路

如图 3 - 4 - 7 所示，有：$U_+ = U_- = 0$，$I_+ = I_- = 0$。

由 $\dfrac{U_I(S) - 0}{R} = \dfrac{U_0(S) - 0}{\dfrac{1}{SC}}$，可得：$U_0(S) = -\dfrac{U_I(S)}{RSC}$，$U_0(t) = -\dfrac{1}{RC} \int U_I(t)\,dt$。

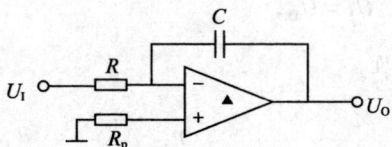

图 3 - 4 - 7

### 5. 微分运算电路

如图 3 - 4 - 8 所示，有：$U_+ = U_- = 0$，$I_+ = I_- = 0$。

由 $\dfrac{U_I(S) - 0}{\dfrac{1}{SC}} = \dfrac{U_0(S) - 0}{R}$，$U_0(S) = -RSGU_I(S)$，

可得：$U_0(t) = -RC \dfrac{dU_I(t)}{dt}$。

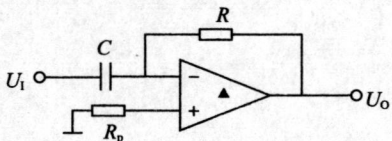

图 3 - 4 - 8

### 三、非线性运算电路

#### 1. 对数运算电路

如图 3 - 4 - 9 所示，有：$U_+ = U_- = 0$，$I_+ = I_- = 0$。

由 $I_D = \dfrac{U_I}{R} = I_S e^{\frac{U_D}{U_R}}$，$\dfrac{U_I}{R} = I_S e^{\frac{U_D}{U_R}}$，$U_D = U_R \ln \dfrac{U_I}{RI_S}$。

可得：$U_O = -U_D = -U_R \ln \dfrac{U_I}{RI_S}$。

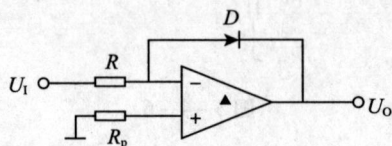

图 3 - 4 - 9

#### 2. 指数运算电路

如图 3 - 4 - 10 所示，有：$U_+ = U_- = 0$，$I_+ = I_- = 0$。

由 $I_D = -\dfrac{U_O}{R} = I_S e^{\frac{U_D}{U_R}}$，$U_I = U_D$，

可得：$U_O = -I_S R I_S e^{\frac{U_D}{U_R}}$。

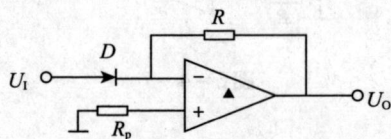

图 3 - 4 - 10

# 第五节　限幅器（二极管接于运放输入电路中的限幅器）

### 一、串联限幅器

#### 1. 限限幅器

如图 3 - 5 - 1 所示，有：$U_+ = U_- = 0$，$I_+ = I_- = 0$。

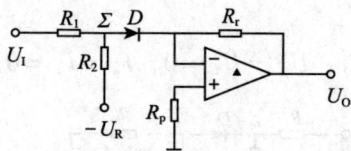

图 3 - 5 - 1

工作原理：

（1）当 $U_I$ 很小时，$U_\Sigma < U_D$，二极管截止，

有：$U_\Sigma = U_I - \dfrac{U_I - (-U_R)}{R_1 + R_2} R_1$。

（2）当 $U_I$ 增大时，$U_\Sigma = U_D$，二极管临界导通，

有：$U_D = \dfrac{U_{im} + U_R}{R_1 + R_2} R_1$，$U_{im} = U_R \dfrac{R_1}{R_2} + U_D \left(1 + \dfrac{R_1}{R_2}\right)$。

当 $U_I$ 继续增大时，$U_\Sigma > U_D$，二极管导通，输出信号随输入信号进行变化。

结论：

（1）当 $U_I < U_{im}$ 时，二极管截止，限幅区。有：$U_O = 0$。

（2）当 $U_I > U_{im}$ 时，二极管导通，传输区。有

$$U_O = -\frac{R_f}{R_1} (U_I - U_{im}), \quad A_f = -\frac{R_f}{R_1}$$

传输特性曲线如图 3 - 5 - 2 所示。

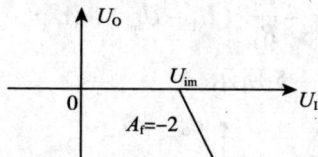

图 3 - 5 - 2

输入、输出波形如图 3 - 5 - 3 所示。

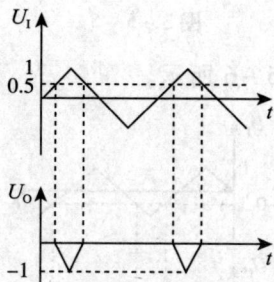

图 3 - 5 - 3

## 2. 上限限幅器

如图 3 - 5 - 4 所示，有：$U_+ = U_- = 0$，$I_+ = I_- = 0$。

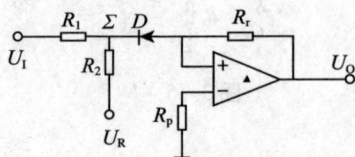

图 3 - 5 - 4

工作原理：

（1）当 $U_I$ 很大时，$U_\Sigma < U_D$，二极管截止，

有：$U_\Sigma = -\left(U_I - \dfrac{U_I - (-U_R)}{R_1 + R_2} R_1\right)$。

（2）当 $U_I$ 减小时，$U_\Sigma = U_D$，二极管临界导通，

有：$U_{im} = -\left[U_R \dfrac{R_1}{R_2} + U_D\left(1 + \dfrac{R_1}{R_2}\right)\right]$。

（3）当 $U_I$ 继续减小时，$U_\Sigma > U_D$，二极管导通，输出信号随输入信号进行变化。

结论：

（1）当 $U_I > U_{im}$ 时，二极管截止，限幅区。有：$U_O = 0$

（2）当 $U_I < U_{im}$ 时，二极管导通，传输区。有

$$U_O = -\dfrac{R_f}{R_1}(U_I - U_{im}),\ A_f = -\dfrac{R_f}{R_1}$$

传输特性曲线如图 3 - 5 - 5 所示。

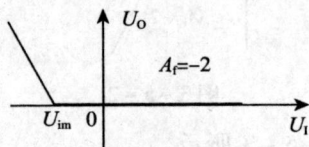

图 3 - 5 - 5

输入、输出波形如图 3 - 5 - 6 所示。

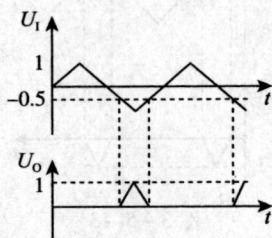

图 3 - 5 - 6

# 第六节　模拟乘法器

## 一、模拟乘法器的基本工作原理

能够实现两个互不相关的连续性信号（电压或电流）相乘作用的电路称为模拟乘法器。

模拟乘法器的符号如图 3 – 6 – 1 所示。

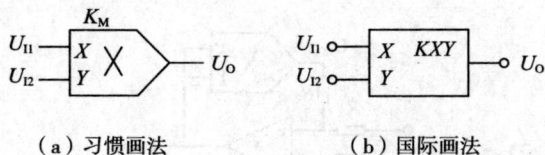

（a）习惯画法　　　　　　　　（b）国际画法

图 3 – 6 – 1

### 1. 相乘运算

如图 3 – 6 – 2 所示，有：$U_O = K_M U_{I1} U_{I2}$。

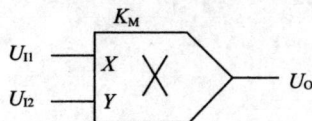

图 3 – 6 – 2

### 2. 乘方运算

如图 3 – 6 – 3 所示，有：$U_O = K_M U_I^2$。

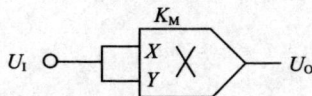

图 3 – 6 – 3

### 3. 除法运算

如图 3 – 6 – 4 所示，有：$U_+ = U_- = 0$，$I_+ = I_- = 0$。

由 $\dfrac{U_I}{R_1} = -\dfrac{U_M}{R_2}$，$U_M = U_R U_O K_M$，可得：$U_O = -\dfrac{R_2}{R_1 K_M} \dfrac{U_I}{U_R}$。

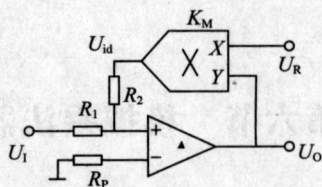

图 3 - 6 - 4

### 4. 开方运算

如图 3 - 6 - 5 所示，有：$U_+ = U_- = 0$，$I_+ = I_- = 0$。

由 $\dfrac{U_I}{R_1} = -\dfrac{U_M}{R_2}$，$U_M = U_O^2 K_M$，可得：$U_O = \sqrt{-\dfrac{R_2}{R_1 K_M} U_I}$。

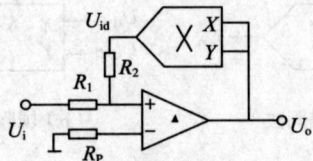

图 3 - 6 - 5

# 第四章 功率放大电路

## 第一节 功率放大电路的主要特点

### 一、定义

在模拟电子电路中需要有这样一类电路，它们能够对负载提供足够大的功率，以此来驱动它们。这类电路就是人们常说的功率放大电路，简称功放。

### 二、要求

在器件安全运用的前提下，要求输出功率尽可能地大，效率尽可能地高，能不失真地给出所需功率。

### 三、分类

功率放大电路可分为四类，分别为甲类、乙类、丙类和甲乙类，如图4-1-1所示。

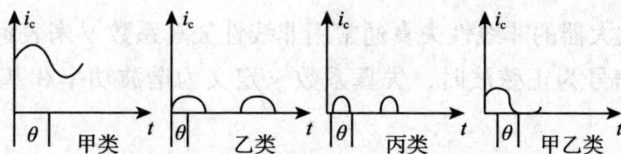

图 4-1-1

（1）甲类：晶体管在信号的整个周期内都有电流流过，即器件整个周期导电。导通角 $\theta$ 为 180°。

（2）乙类：晶体管只在信号的半个周期内有电流流过，即器件半个周期导电。导通角 $\theta$ 为 90°。

（3）丙类：晶体管只在信号的小半个周期内有电流流过，即器件小半个周期导电。导通角 $\theta$ 小于 90°。

（4）甲乙类：晶体管在信号的大半个周期内有电流流过，即器件大半个周期导电。导通角 $\theta$ 在 $90° \sim 180°$ 之间。

结论：甲类工作状态的特点是非线性失真小，但是效率最低；乙类工作状态失真较大，但是效率较高；丙类工作状态失真最大，效率也最高，它只用于高频放大器中；甲乙类工作状态兼有甲类失真小和乙类工作效率高的优点，它是甲类和乙类状态的折中方案。

## 四、主要指标

### 1. 输出功率

在正弦输入信号情况下，不失真地输出信号的最大输出电压 $U_{OM}$ 和最大输出电流 $I_{OM}$ 的有效值的乘积 $P_{OM}$，即

$$P_O = \frac{U_{OM}}{\sqrt{2}} \times \frac{I_{OM}}{\sqrt{2}} = \frac{1}{2} I_{OM} I_{OM}$$

### 2. 效率

最大输出功率 $P_O$ 和电源输入的直流功率 $P_E$ 的比值。即

$$\eta = \frac{P_O}{P_E}$$

集电极的损耗功率 $P_C$ 为 $P_C = P_E - P_O$

电路为了尽量给出大的功率，晶体管往往用在极限情况，所以应该注意器件的安全运用。集电极的损耗功率和晶体管的散热条件有关。在使用时应注意在功率管上加散热片，让其可以散热。

## 五、功率放大电路的非线性失真

衡量功率放大器的非线性失真通常用非线性失真系数 $\gamma$ 来表示。

假设输入信号为正弦波时，失真系数 $\gamma$ 定义为谐波功率和基波功率的比值的平方根。即

$$\gamma = \sqrt{\frac{\sum P_n}{P_1}}(n = 2、3、4\cdots),\gamma = \sqrt{\gamma_2^2 + \gamma_3^2 + \gamma_4^2 + \cdots}$$

其中，在线性电路中常用的叠加定理，在这里将不再适用。

# 第二节　乙类功率放大电路

乙类功率放大器的种类有很多，在这里以乙类双电源互补对称式推挽电路（OCL电路）为例，具体介绍乙类功率放大器。

## 一、电路介绍

乙类功率放大电路如图4-2-1所示。

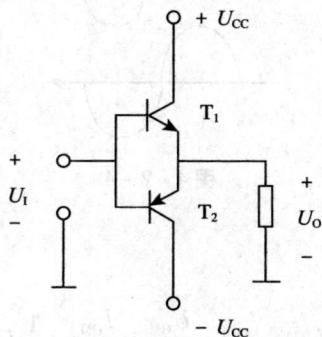

**图4-2-1**

## 二、工作原理

乙类功率放大器的动态范围不是很大，所以人们提出了用两个管子共同来完成一个正弦波周期的工作的方案。每个管子只工作半个周期，如图4-2-2所示，即：正弦波的正半个周期由 $T_1$ 管单独工作，负半个周期由 $T_2$ 管单独工作。

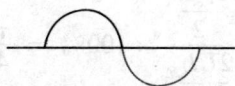

**图4-2-2**

## 三、交越失真

交越失真是乙类推挽情况下由晶体管引起的一种非线性失真。这种由于静态工作点选择太低而造成的在低电流区引起的失真叫作交越失真（见图4-2-3）。克服交越失真的方法是适当地提高静态工作点，将电路的工作状态改变为

65

甲乙类工作状态。

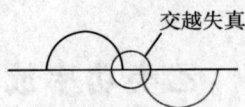

图 4 - 2 - 3

甲乙类推挽电路波形如图 4 - 2 - 4 所示。

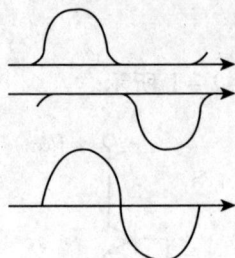

图 4 - 2 - 4

## 四、指标计算

根据输出功率的定义可知：$P_O = \dfrac{U_{OM}}{\sqrt{2}} \times \dfrac{I_{OM}}{\sqrt{2}} = \dfrac{1}{2} U_{OM} I_{OM}$；或写为：$P_O = \dfrac{1}{2} \cdot$

$I_{CM}^2 R_O = \dfrac{1}{2} \dfrac{U^2}{R_O}$。

由于每个管子只提供半个周期的电流，所以总功率 $P_E$ 为

$$P_E = 2U \cdot \dfrac{1}{2\pi} \int_0^\pi I_{CM} \sin\omega t \cdot d(\omega t) = \dfrac{2U \cdot I_{CM}}{\pi}$$

在理想情况下，乙类功率放大器的效率为

$$\eta_C = \dfrac{P_O}{P_d} \times 100\% = \dfrac{\dfrac{I_{CM} U}{2}}{\dfrac{2U I_{CM}}{\pi}} \times 100\% = \dfrac{\pi}{4} \times 100\% \approx 78.5\%$$

晶体管的损耗 $P_C$ 为

$$P_C = \left( \dfrac{U_{CC} U_{OM}}{\pi} - \dfrac{U_{OM}^2}{4} \right) \dfrac{1}{R_O}$$

一般晶体管的集电极最大损耗 $P_{CM}$ 并不是出现在输出功率达到最大的时候，这是由于管耗最大时，管子的压降和电流的幅度值也最大，而输出功率最大时，管子的压降和电流的幅度值都比较小。我们可以用求解极值的方法来求解 $P_{CM}$。

令 $\dfrac{dp_{CM}}{dU_{OM}} = \left( \dfrac{U_{CC}}{\pi} - \dfrac{U_{OM}}{2} \right) \cdot \dfrac{1}{R_0}$，得到：$U_{OM} = \dfrac{2}{\pi} U_{CC} = 0.6 U_{CC}$。

当 $U_{OM} = \dfrac{2}{\pi} U_{CC} \approx 0.6 U_{CC}$ 时，管耗最大为：$\dfrac{P_{CM}}{P_0} = 0.2$。

## 五、选管原则

选管遵循 $P_{CM} > 0.25 P_O$，$I_{CM} > I_{OM}$，$BU_{CER} > 2U_{CC}$ 的原则。

其中，$P_{CM}$ 为晶体管的集电极最大损耗；$I_{CM}$ 为晶体管最大集电极允许电流；$BU_{CER}$ 为晶体管最大耐压。

## 六、复合管

本内容在高中阶段不作要求，如设计作品时需要使用该部分知识，可自行上网查询相关文献介绍。

# 第三节　丙类功率放大电路

高频信号时的功率放大电路称为丙类谐振放大器。

## 一、高频功率放大器的特点

（1）高频功率放大器的工作频率很高，可以到达几百兆赫兹甚至几万兆赫兹，但是它的相对频带一般很窄。因此，高频功率放大器一般都采用选频网络作为负载，而不选择电阻、变压器等非调谐负载。

（2）高频功率放大器的输入信号比较大，又要求有高的效率，所以不能工作于甲类状态，而是必须工作在丙类状态。

## 二、基本电路

丙类功率放大电路如图 4 - 3 - 1 所示。

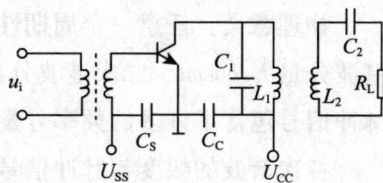

图 4 - 3 - 1

### 三、工作原理

由于丙类高频功率放大器的导通角小于 90°，所以丙类的高频功率放大器一定是工作在强非线性区的，因此丙类高频功率放大器又称为非线性谐振放大器。它需要利用选频网络挑选出输出信号基波以达到功率放大的目的。

对于丙类高频率功大器放选频网络的要求如下：

（1）可以滤除谐波分量。

（2）选频网络上面的功耗要尽可能地小。

（3）调谐于基波上。（丙类高频功率放大器必须采用 LC 振荡回路作为选频网络）。

### 四、丙类高频功率放大器的折线分析法

如图 4-3-2 所示，当管子工作在大功率状态下时，基区的体电阻 $r_b$ 上面的电压变化较明显，由于 $r_b$ 上的电压和电流是线性关系，所以在大功率状态下，将 $i_C - U_{BE}$ 转移伏安特性用折线来近似表示。集电极电流 $i_C$ 是一个周期性的非正弦脉冲信号，可以用傅里叶级数拆成级数的形式表示。

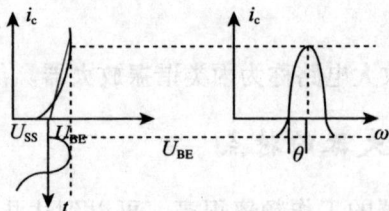

图 4-3-2

$$i_C = \sum_{n-0}^{\infty} I_{CM} \cos n\omega t$$

$$i_C = I_{C0} + I_{C1} \cos\omega t + I_{C2} \cos2\omega t + I_{C3} \cos3\omega t + \cdots$$

物理意义：任意一个周期性的非正弦信号 $I_C$ 都可以看成是由直流分量 $I_{C0}$、基波分量 $I_{C1} \cos\omega t$、二次谐波分量 $I_{C2} \cos2\omega t$ 等各次谐波来构成，也就是说周期性脉冲信号包含了许多的频率分量。

各次谐波的幅度与脉冲信号 $i_C$ 的关系由下列各公式决定：

$$I_{C0} = \frac{1}{2\pi} \int_{-\theta}^{\theta} i_C \mathrm{d}\omega t$$

$$I_{C1} = \frac{1}{2\pi} \int_{-\theta}^{\theta} i_C \cos\omega t \mathrm{d}\omega t \cdots$$

$$I_{CM} = \frac{1}{2\pi}\int_{-\theta}^{\theta} i_C \cos n\omega t \, d\omega t$$

将余弦脉冲的解析式代入上面各式中代替 $i_C$。余弦脉冲所包含的各个频率分量的振幅公式，经过化简后得到以下的表达式（略去推导过程）

$$I_{C0} = I_{CM}\alpha_0(\theta)$$

$$I_{C1} = I_{CM}\alpha_1(\theta)$$

$$\cdots$$

$$I_{Cn} = I_{CM}\alpha_n(\theta)$$

上式中的 $\alpha(\theta)$ 是与导通角 $\theta$ 有关系的量，称为余弦脉冲分解系数。

$$\alpha_0(\theta) = \frac{1}{\pi}\frac{\sin\theta - \theta\cos\theta}{1 - \cos\theta}$$

$$\alpha_1(\theta) = \frac{1}{\pi}\frac{\theta - \sin\theta\cos\theta}{1 - \cos\theta}$$

其中 $I_{CM}$ 是余弦脉冲的最大幅度。

在实际应用中，往往不用公式来直接计算，而是将正比于各个频率分量幅度的 $\alpha(\theta)$ 与 $\theta$ 的关系画成曲线，通过查曲线来找出某个谐波分量的相对幅度。

（注：曲线和 $\frac{\alpha_1(\theta)}{\alpha_0(\theta)}$ 与 $\theta$ 的关系可查阅相关文献，本书不进行拓展。）

## 五、指标计算

由余弦脉冲分解系数中可以看出，$\alpha_1$ 在 $\theta = 120°$ 时最大，即：当 $I_{CM}$ 一定在 $\theta = 120°$ 时，输出功率最大。

注意：在实际计算功率的时候，都是用基波功率来计算的。

功率：

$$p_0 = p_0 + p_c$$

$$p_1 = \frac{U_{CC}}{\sqrt{2}}\frac{I_{C1}}{\sqrt{2}} = \frac{1}{2}U_{C1}I_{C1}$$

$$p_d = U_{CC}I_{C0}$$

效率：

$$\eta_C = \frac{p_1}{p_d}\times 100\% = \frac{U_{CC}}{2U_{CC}I_{C0}} = \frac{1}{2}\frac{U_{C1}d_1(\theta)I_{CM}}{U_{CC}I_{CM}} = \frac{1}{2}\frac{U_{C1}d_1(\theta)}{U_{CC}d_0(\theta)}$$

功率和效率的综合考虑：

效率：$\theta$ 越小，效率越高；

功率：$\theta$ 变大，功率增加，当 $\theta = 120°$ 时，基波功率最大。

可见，功率和效率彼此之间不是统一的。所以，在实际应用中综合考虑，通常取 $\theta = 60°$，$\eta_c = 88\%$。

### 六、丙类功率放大器的动态特性

丙类功率放大器的工作状态可以根据晶体管在工作时是否进入饱和区来分为三种状态：

（1）不进入饱和区的欠压状态。

（2）进入饱和区的过压状态。

（3）刚好进入饱和区的临界状态。

动态特性：

假设在电路的偏压和负载一定的情况下，当输入信号变化时，我们从输出端所得到的集电极电流波形如图 4－3－3 所示。

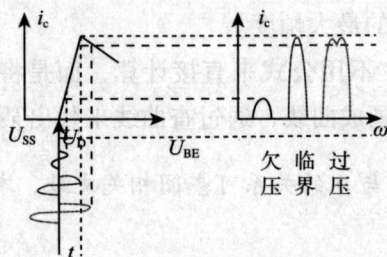

图 4－3－3

由图 4－3－3 可以看出，当输入信号由小变大时，放大器的工作状态经历了由欠压到临界到过压的变化过程。

放大器在欠压状态下，输出电压幅度十分小，输出功率不大；在过压状态时，由于器件进入了非线性区，顶部出现了凹陷，集电极电流减小，输出功率减小；在临界状态时，输出电压和输出电流都为最大值，所以可能得到最大的输出功率。

一般情况下丙类功率放大器工作于弱过压状态。（为使输出幅度变化不太剧烈。）

### 七、对丙类谐振放大器耦合电路的要求

（1）能够实现阻抗变换，即将实际的负载阻抗值变换为器件所要求的阻抗值。

（2）耦合网络自身的插入损耗要尽可能小，即能够将有用信号功率有效地

传送给下一级或者是负载。

（3）滤波特性要好，即可以抑制掉无用信号的功率。

# 第四节　丙类谐振倍频电路

所谓"倍频器"，即输出信号频率为输入信号频率的整数倍的电子部件，它广泛地应用于通信设备中。倍频器可以用模拟电路来实现，也可以用数字电路来实现。在此，我们仅介绍工作频率在几十兆赫兹以下的利用三极管构成的丙类谐振放大式倍频器。

## 一、丙类倍频器的基本工作原理

在丙类谐振放大器工作时，晶体管的集电极电流脉冲中含有许多谐波分量。如果把集电极谐振回路调谐在二次谐波或者五次谐波上面，回路将会在二倍频或五倍频上谐振。即放大器将只有二次谐波电压或五次谐波电压输出，这样，丙类放大器就成了丙类二倍频器或五倍频器。

## 二、实际电路

丙类谐振倍频器的原理性电路如图 4 - 4 - 1 所示。

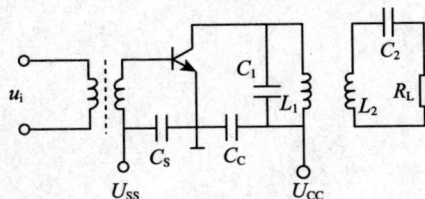

**图 4 - 4 - 1**

图中标出的 $L_1$ 和 $C_1$ 是为了抑制幅度很大的基波而设置的串联谐振回路，它调谐在基波上面。此电路的其他部分同丙类功率放大电路没有什么区别，但是在对谐振回路的要求上，丙类倍频器的谐振回路的选频网络还要求能够滤除低次谐波和高次谐波。即丙类功放谐振在基波上，而丙类倍频器则谐振于谐波上。

## 三、参数分析

从电流分解系数图可以看出，对于每一条 $\alpha_n$（$\theta$）的曲线，都存在一个最大

值 $\alpha_{nm}$，并且随着谐波次数 $n$ 的增加，$\alpha_{nm}$ 的值相应减小，出现最大值时所对应的导通角也相应减小。

出现最大值时的导通角为

$$\theta_{nm} = \frac{120°}{n}$$

$\alpha_n (\theta)$ 的最大值是

$$\alpha_{nm} = \frac{0.536}{n}（n 为谐波次数。）$$

# 第五章 正弦波振荡器

## 第一节　反馈型正弦波振荡器的工作原理

### 一、电路的组成及自激条件

正弦波振荡器可分为反馈型正弦波振荡器和负阻型正弦波振荡器两类，在此，我们介绍反馈型正弦波振荡器的相关内容。

**1. 自激振荡器**

"自激振荡"是指在没有外加信号的作用下，电路能自动产生交变信号的一种现象。产生自激振荡的电路称为自激振荡器。

反馈型正弦波振荡器结构框图如图 5 - 1 - 1 所示。

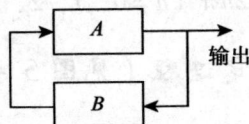

图 5 - 1 - 1

其中，A 为放大器的开环增益；B 为反馈网络的反馈系数。

**2. 反馈型正弦波振荡器的组成**

反馈型正弦波振荡器有四个组成部分，具体如下：

（1）放大器：因为振荡器不仅要对外输出功率，还要通过反馈网络提供自身的输入信号功率，所以它必须要有功率增益。振荡器能量的来源与放大器一样，都来源于直流电源。

（2）反馈网络：使其构成正反馈环路。

（3）选频网络：正弦波振荡器必须工作在某一特定的频率上。选频网络应保证只有在这一特定的频率时，通过输出网络和反馈网络才有闭环 $2\pi$ 相移的正反馈，其他频率不满足正反馈的条件，并且利用选频网络中的储能元件作为振荡回路。

（4）稳幅机构：自激振荡器由自行起振的暂态过渡到最后的稳态，并保持一定的输出幅度和波形，这个过程要求有一个自稳幅的机构。这个机构既可以单独存在，又可以加在前三个部分中的任意一个里面。

按照选频网络的构成的不同，自激振荡器又可以分为：LC 正弦波自激振荡器、RC 振荡器和石英晶体振荡器。

其中 LC 正弦波自激振荡器又可以细分为：互感耦合式振荡器和 LC 三点式振荡器。

### 3. 自激条件

A 为放大器的开环增益

$$\dot{A}(\omega) = \frac{\dot{U}_O}{U_I}$$

B 为反馈网络的反馈系数

$$\dot{B}(\omega) = \frac{\dot{U}_F}{U_O}$$

振幅条件

$$|\dot{A}\dot{B}| = 1$$

相位条件

$$\varphi_{AB} = 2n\pi \ (n = 0, 1, 2, 3\cdots)$$

## 二、振荡的建立和稳定过程（见图 5-1-2）

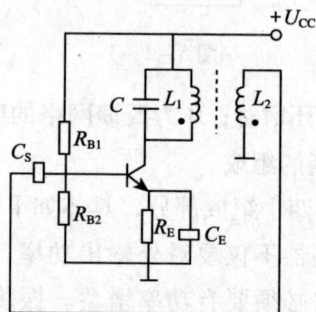

图 5-1-2

### 1. 振荡的建立

假设电路处于静止状态，当外界出现了一个含有很宽的频谱非常小的扰动时，在电路的输出端将会得到由 LC 选频网络选出的某一频率的微小振荡，它立刻通过反馈网络回送到了放大器的输入端进行放大，在正反馈情况下，电路的输出端会得到比原来大一些的振荡，这个信号又通过正反馈网络送到放大器的输入端，经过这样反复多次放大，选频，反馈……电路中就有了满足正反馈相位条件的频率分量，产生了增幅电振荡，如图 5 – 1 –3 所示。

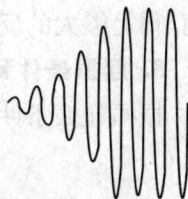

**2. 振荡的稳幅**

图 5 – 1 – 3

当振幅增长到一定程度后，由于电路中的电容 $C_E$ 储存能量会引起非线性导电的现象（即，由于电容的储能使得三极管发射极电位提高，造成管子进入截止区），该电路在 $R_E$、$R_{B1}$、$R_{B2}$ 产生了自生反偏压，管子进入非线性区，幅度不会继续增长，这样管子的导通角将会减小，从而导致增益减小，直至达到平衡，于是振幅便稳定于某一个恒定的值。

## 三、稳定条件

### 1. 振幅稳定条件

要使振幅稳定，振荡器在其平衡点必须具有组织振幅变化的能力。具体来说，就是在平衡点附近，当不稳定因素使振幅增大时，环路增益将减少，从而使振幅减小。振幅稳定条件：$\dfrac{\dot{A}\dot{B}}{U_o} < 0$，$\dfrac{\partial AB}{\partial U_o} < 0$。

如果干扰和噪声使反馈电压增大，放大器的增益自动下降，使 $AB$ 下降，振幅保持稳定。反之，若反馈电压下降，$A$ 增大，同样会使振幅稳定。

绝对值越大，振幅的稳定性就越好。上式还可以展开为下面所示的形式

$$\frac{\dot{A}\dot{B}}{U_o} = \frac{\dot{A}}{U_o} + \frac{\dot{B}}{U_o}$$

这就要求：$\dfrac{\dot{A}}{U_o} < 0$，$\dfrac{\dot{B}}{U_o} < 0$。

### 2. 频率稳定

正弦波频率发生变化，相位也一定会发生变化。当频率提高，相位会超前。

$$\frac{\Delta \Phi_{AB}}{\Delta U} = 负值$$

$$\frac{\partial \phi_{AB}}{\partial \omega} < 0$$

负值表明：频率提高，相位滞后，维持频率稳定。反之，频率降低，相位超前，维持频率稳定。

上述偏导数的绝对值越大越好，因为这表明只要频率产生微小的变化就可

以获得足够大的反向的相位变化，从而在电路中恢复相位平衡。

### 3. 起振条件和平衡条件

振幅起振条件

$$|\dot{A}\dot{B}| \geqslant 1$$

相位起振条件

$$\varphi_{AB} = 2n\pi \quad (n = 0, 1, 2, 3\cdots)$$

振幅平衡条件

$$|\dot{A}\dot{B}| = 1$$

相位平衡条件

$$\varphi_{AB} = 2n\pi \quad (n = 0, 1, 2, 3\cdots)$$

# 第二节　LC 正弦波振荡电路

LC 正弦波振荡电路可分为互感耦合式和三点式。

## 一、互感耦合式自激振荡器

以集电极耦合式的振荡器为例，如图 5 - 2 - 1 所示，根据瞬时极性法来判断此电路为正反馈，可以振荡。

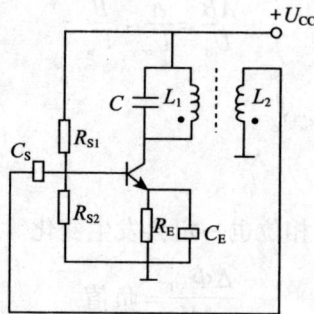

图 5 - 2 - 1

## 二、LC 三点式振荡电路

由于互感耦合式振荡器存在工作频率不高、在调测过程中改动反馈深度不方便等缺点，因此，在实际中广泛应用的是 LC 三点式振荡器。LC 三点式振荡器可分为电感分压反馈式（简称电感三点式）和电容分压反馈式（简称电容三点式）振荡器两类。

### （一）电感分压反馈式正弦波振荡器（电感三点式）

**1. 电路介绍**

电感分压反馈式正弦波振荡器电路如图 5 - 2 - 2 所示，此电路又称为哈特雷（Hartely）电路。

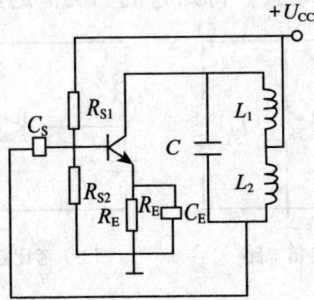

图 5 - 2 - 2

**2. 电路特点**

（1）容易起振且振荡幅度较大。

（2）调节频率方便。利用可变电容，可以得到一个较宽的频率调节范围。

（3）一般用于产生几十兆赫以下的频率的正弦波。

（4）输出波形中含有高次谐波分量，波形较差。

（5）频率稳定度不高，所以通常用于要求不高的设备中。

### （二）电容分压反馈式正弦波振荡器（电容三点式）

**1. 电路介绍**

电容分压反馈式正弦波振荡器电路如图 5 - 2 - 3 所示，此电路又称为考比兹（Colpitts）电路。

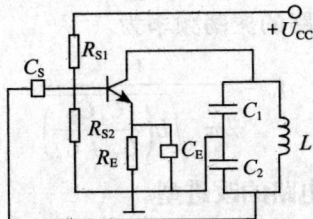

图 5 - 2 - 3

**2. 电路特点**

（1）输出波形中的高次谐波分量很小，输出波形好。

（2）振荡频率较高，一般可以达到 100MHz 以上。

（3）调节频率不方便，并且频率的调节范围较窄，通常用于产生固定频率的振荡。

**3. 交流通路**

从上面的分析中可以看出，电容三点式和电感三点式振荡电路在电路的组成形式上具有某些相似的地方。为了能够方便地看清电路的基本结构，可以将实际电路中的直流供电电路略去，得到它们的交流通路，如图5-2-4所示。

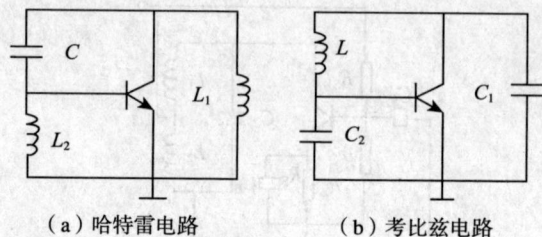

（a）哈特雷电路　　　　（b）考比兹电路

图 5 - 2 - 4

（1）三点式 LC 振荡电路的普遍形式，如图 5 - 2 - 5 所示。

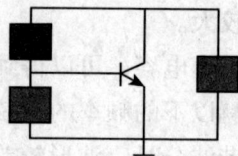

图 5 - 2 - 5

（2）三点式 LC 振荡电路的振荡频率。

从上面的交流通路还可以看出，基本电感三点式振荡电路的振荡频率为

$$f_o = \frac{1}{2\pi \sqrt{(L_1 + L_2) \ C}}$$

基本电容三点式振荡电路的振荡频率为

$$f_o = \frac{1}{2\pi \sqrt{L \left( \dfrac{C_1 C_2}{C_1 + C_2} \right)}}$$

**（三）电容三点式振荡电路的改进型**

**1. 串联改进型电容三点式振荡电路**

克拉泼（Clapp）电路，如图 5 - 2 - 6 所示。

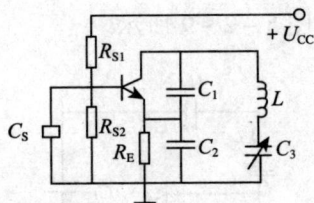

图 5 - 2 - 6

它的交流等效电路，如图 5 - 2 - 7 所示。

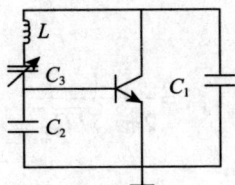

图 5 - 2 - 7

克拉泼电路的振荡频率为

$$f_\circ = \frac{1}{2\pi \sqrt{LC_\Sigma}}$$

其中

$$C_\Sigma = \cfrac{1}{\cfrac{1}{C_1 + C_0} + \cfrac{1}{C_2 + C_I} + \cfrac{1}{C_3}}$$

由于 $C_3 \ll C_1$，$C_3 \ll C_2$，所以 $C_\Sigma \approx C_3$。

可见，管子的输入电容 $C_I$ 和输出电容 $C_0$ 对 $f_0$ 几乎是没有影响的。即使 $C_0$ 和 $C_I$ 发生了变化，它们对振荡频率的影响也是很小的，所以电路的频率稳定性提高了。此外，调节频率时调节 $C_3$，调节反馈深度时调节 $C_1$ 和 $C_2$ 的比例关系，它们互不干扰，即调节 $C_3$ 只影响频率而不影响反馈，调节 $C_1$、$C_2$ 的比例关系只影响反馈深度而不影响频率。

**2. 并联改进型电容三点式振荡电路**

西勒（Seiler）电路如图 5 - 2 - 8 所示。

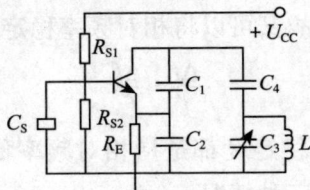

图 5 - 2 - 8

西勒电路的交流通路如图 5 - 2 - 9 所示。

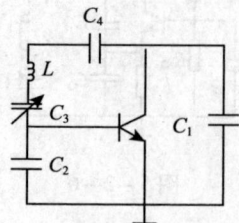

图 5 - 2 - 9

振荡频率为

$$f_0 = \frac{1}{2\pi \sqrt{LC_\Sigma}}$$

其中

$$C_\Sigma = \frac{1}{C_4 + \dfrac{1}{C_1 + C_0} + \dfrac{1}{C_2 + C_1} + \dfrac{1}{C_3}}$$

由此可见，西勒电路的频率稳定度及振荡频率均较高，并且振幅较平稳，波形好，所以西勒电路得到了广泛的应用。

# 第三节　LC 振荡器的频率稳定度

## 一、衡量频率稳定的指标

频率稳定度是衡量频率稳定的指标，其标准分为绝对频率稳定度和相对频率稳定度两种。

绝对频率稳定度是指实际振荡频率与额定频率之间的差，即 $\Delta f = f - f_0$。

相对频率稳定度是指绝对频率稳定度与实际振荡频率之间的商，即 $\dfrac{\Delta f}{f} = \dfrac{f - f_0}{f}$。

由于 $f$ 和 $f_0$ 十分接近，故又可以将相对频率稳定度写为

$$\frac{\Delta f}{f} \approx \frac{\Delta f}{f_0}$$

通常人们所提到的频率稳定度都是指相对频率稳定度。在一定时间范围内的频率稳定度可以分为下面三种情况：

（1）短期稳定度：一般指一个小时之内的相对频率稳定度。

（2）中期稳定度：一般指一天之内的相对频率稳定度。

（3）长期稳定度：一般指几个月以上的相对频率稳定度。

## 二、提高频率稳定度的基本措施

（1）减小外界因素的变化。

（2）提高振荡回路标准性。

# 第四节　石英晶体振荡器

由于 LC 谐振回路的 Q 值不能做太高，因此，当要做一个振荡频率高并且频率稳定度高于 $10^{-5}$ 数量级的振荡器时，应该选用石英晶体振荡器。石英晶体振荡器有着很高的 Q 值，它的频率稳定度一般可以做到 $10^{-5}$ 到 $10^{-8}$。

## 一、石英晶体及其等效电路

### 1. 石英晶体的压电效应

石英晶体属于单晶体，外形结构呈六面体，沿各方向特征不同。沿 $X$ 方向（电轴）的力作用产生电荷的压电效应称"纵向压电效应"；沿 $Y$ 方向（机械轴）的力作用产生电荷的压电效应称"横向压电效应"；沿 $Z$ 方向（光轴）的力作用时不产生压电效应。

### 2. 符号及等效电路

石英晶体符号及其等效电路如图 5-4-1 所示。

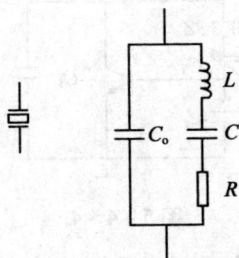

图 5-4-1

### 3. 石英晶体振荡器的特点

石英晶体振荡器的两个电极之间的静态电容 $C_0$ 比较大，等效电感 $L_Q$ 也很大，等效电容 $C_Q$ 和等效电阻 $R_Q$ 都非常小，所以 Q 值非常高。它有一个串联谐振点和一个并联谐振点，如图 5 - 4 - 2 所示。

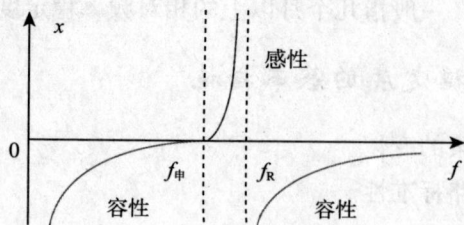

图 5 - 4 - 2

## 二、石英晶体振荡电路

石英晶体振荡电路可分为串联型和并联型两类。

### 1. 并联型石英晶体振荡电路

如图 5 - 4 - 3 所示，并联型石英晶体振荡电路是工作在串联谐振频率和并联谐振频率之间，阻抗等效，作为一个电感元件来应用。即使将它与两个外接电容连接在一起，构成电容三点式振荡电路，其实质仍然是一个电容三点式振荡电路。

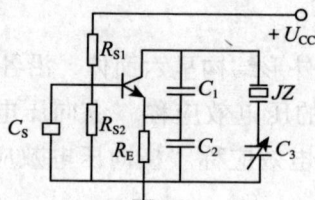

图 5 - 4 - 3

并联型晶体振荡的等效电路如图 5 - 4 - 4 所示。

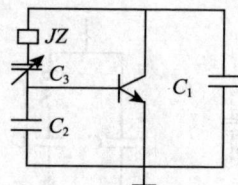

图 5 - 4 - 4

石英晶体振荡器的振荡频率近似于晶振的外壳上所标称出的频率。

### 2. 串联型石英晶体振荡电路

如图 5 - 4 - 5 所示，串联型石英晶体振荡电路工作在石英晶体的串联谐振频率，并且石英晶体呈纯阻性，它的相移为零，近乎短路。在电路中，石英晶体作为放大电路的反馈元件，起选频作用，其实质也是一个电容三点式振荡电路。

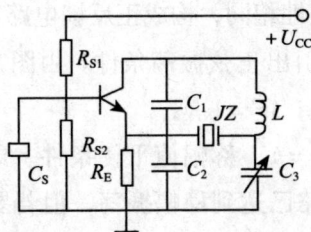

图 5 - 4 - 5

如图 5 - 4 - 6 所示，其中可调电容 $C_2$ 在电路中的作用是微调频率，使电路的振荡频率在晶体的串联谐振频率上。电路的振荡频率还是石英晶体外壳上的标称频率。

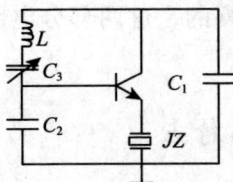

图 5 - 4 - 6

# 第五节  RC 正弦波振荡器

## 一、正弦振荡电路

正弦振荡电路一般包括两部分，即放大电路 $A$ 和反馈网络 $F$，如图5 - 5 - 1所示。

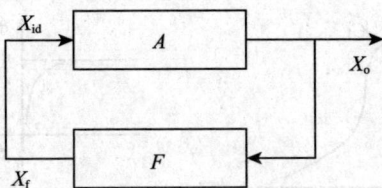

图 5 - 5 - 1

由于振荡电路不需要外界输入信号，因此，通过反馈网络输出的反馈信号 $X_f$ 就是基本放大电路的输入信号 $X_{id}$。该信号经基本放大电路放大后，输出为 $X_o$，

若能使 $X_f$ 与 $X_{id}$ 大小相等，极性相同，构成正反馈电路，那么这个电路就能维持稳定的输出。因而，$X_f = X_{id}$ 可引出正弦振荡条件。由图 5-5-1 可知 $X_o = AX_{id}$，而 $X_f = FX_o$，当 $X_f = X_{id}$ 时，则有 $AF = 1$。

上述条件可写成 $|AF| = 1$，称幅值平衡条件。即放大倍数 $A$ 与反馈系数 $F$ 乘积的模为 1，表明振荡电路已达到稳幅振荡，但若要求电路能够自行振荡，开始时必须满足 $|AF| > 1$ 的起振条件。

由 $X_f$ 与 $X_{id}$ 极性相同，可得 $\varphi_A + \varphi_F = 2n\pi$，称为相位平衡条件。即放大电路的相角和反馈网络的相角之和为 $2n\pi$，其中 $n$ 为整数。

要使振荡电路输出确定频率的正弦信号，电路还应包含选频网络和稳幅电路两部分。选频电路的作用是使单一频率的信号满足振荡条件，稳幅电路能保证电路的输出幅度是稳定不失真的，这两部分电路通常可以是反馈网络，或放大电路的一部分。

## 二、RC 正弦振荡电路特点

RC 正弦振荡电路也称文氏桥振荡电路。它的主要特点是利用 RC 串、并联网络作为选频和反馈网络，如图 5-5-2 所示。

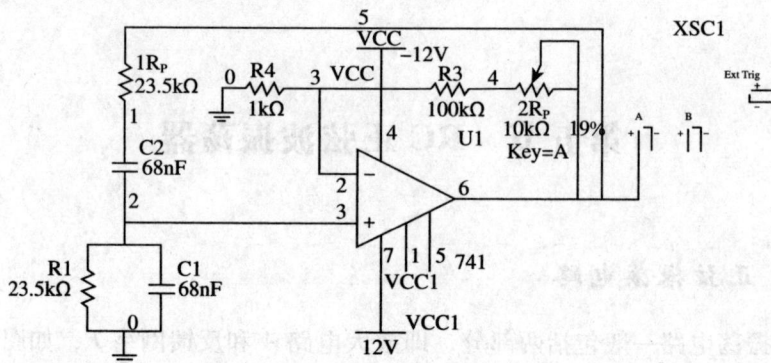

（a）电路图

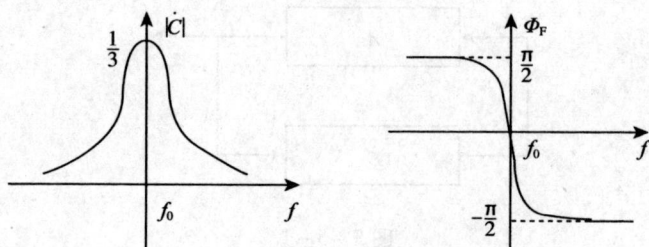

（b）串、并联网络频率特性

图 5-5-2

　　由串、并联网络的幅频特性可知，当信号频率为 $f_\circ = \dfrac{1}{2\pi RC}$ 时，选频网络的相角为 0°，传递系数为 1/3。所以，要满足正弦振荡条件，要求放大电路的相角为 0°，传递系数稍大于 3。故实验中的放大电路采用同相比例电路。

| 第六章 | 线性频率变换——振幅调制、检波、变频 |
|---|---|

## 第一节　调幅波的基本特性

### 一、普通调幅信号

#### 1. 原理

普通调幅信号原理图如图 6 – 1 – 1 所示。

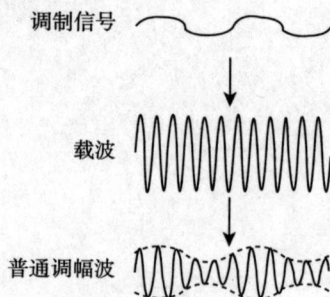

调制信号

载波

普通调幅波

图 6 – 1 – 1

#### 2. 数学表达式

（1）低频信号

$$U_\Omega（t）= U_\Omega \cos\Omega t$$

（2）等幅高频信号（载波）

$$U_0（t）= U_0 \cos\omega_0 t$$

（3）普通调幅信号

$$U_0(t) = U_0(1 + m_a\cos\Omega t)\cos\omega_0 t = U_0\cos\omega_0 t + \frac{m_a}{2}U_0\cos(\omega_0 - \Omega)t$$

$$+ \frac{m_a}{2}U_0\cos(\omega_0 + \Omega)t$$

普通调幅波的频谱可以分成三部分：载频、下边频、上边频。

$$m_a：调幅系数 = \frac{普通调幅波的幅度变化量}{载波幅度} < 1$$

**3. 频带宽度**

$$BW = 2f_{max}$$

**4. 调幅波的功率**

假设将调幅波加到电阻上，

载波功率

$$P_O = \frac{\left(\frac{U_O}{\sqrt{2}}\right)^2}{R} = \frac{U_O^2}{2R}$$

边频功率

$$P_上 = P_下 = P_边 = \frac{1}{8}\frac{m_a^2 U_O^2}{R}$$

$$P_{边总} = \frac{m_a^2}{2}\frac{U_O^2}{2R} = \frac{1}{4}\frac{m_a^2 U_O^2}{R}$$

$$\frac{P_边}{P_O} = \frac{m_a^2}{2}$$

当 $m_a = 0.3$ 时（一般情况）：$P_边 \approx 0.5 P_O$，其有用功率仅占 5%。

## 二、抑制载波的双边带调幅信号（DSB）

数学表达式

$$U_O(t) = U\cos\Omega t\cos\omega_0 t = \frac{1}{2}U\cos(\omega_0 - \Omega)t + \frac{1}{2}U\cos(\omega_0 + \Omega)t$$

双边带调辐信号的有用功率可以达到 95%。

## 三、单边带调幅信号（SSB）

如图 6－1－2 所示，由于上、下两个边频所含有的信息量全等，全发射出去所占用的频带太宽，因此为节约频带，只发送一个边频即可。

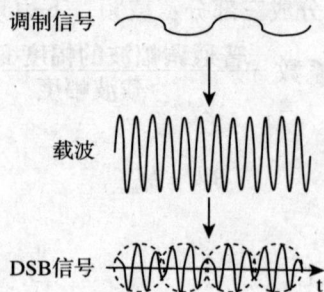

图 6 - 1 - 2

# 第二节　调幅电路

调幅电路可分为低电平调幅电路和高电平调幅电路两类。

① 低电平调幅电路：日常用，小功率，用模拟乘法器来实现。

② 高电平调幅电路：专业用，大功率，用电子管构成调幅器（大型通信或广播发射机）。

## 一、双边带调幅电路

利用模拟乘法器直接实现相乘。

$$U_0(t) = U\cos\Omega t\cos\omega_0 t = \frac{1}{2}U\cos(\omega_o - \Omega)t + \frac{1}{2}U\cos(\omega_o + \Omega)t$$

## 二、普通调幅电路

### 1. 电路介绍

普通调幅电路如图 6 - 2 - 1 所示。

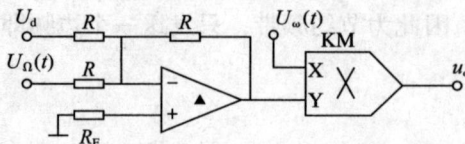

图 6 - 2 - 1

### 2. 基本原理

如图 6 - 2 - 1 所示。

$$U_O(t) = -K_M U_O \ (U_d + U_\Omega \cos\Omega t) \ \cos\omega_0 t$$

$$= -K_M U_O U_d \left(1 + \frac{U_\Omega}{U_d}\cos\Omega t\right)\cos\omega_0 t$$

$$= -K_M U_O U_d \ (1 + m_a\cos\Omega t) \ \cos\omega_0 t$$

### 三、单边带调幅电路

**1. 滤波法**

利用双边带电路的输出信号，然后用滤波器滤除不需要的边频分量，它是最简单也是最常用的方法。

**2. 相移法**

先将原始信号相移 90°，载波信号也相移 90°，再将原信号与原载波信号调制，相移后的信号与相移后的载波信号调制，这样就生成了两个调制后的信号。这两个调制后的信号通过加减，就可以获得边带信号。这种调制方法的好处是，它可以允许解析单边带信号的表达式，这样有利于更好地理解单边带信号的同步检测效果。

## 第三节　检波电路

普通调幅波的解调称为检波。

### 一、相乘检波

**1. 电路介绍**

相乘检波电路如图 6 - 3 - 1 所示。

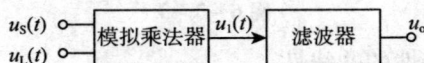

图 6 - 3 - 1

**2. 基本原理**

$$u_S(t) = U_S\cos\Omega t\cos\omega_0 t$$

$$u_L(t) = U_L\cos\ (\omega_0 t + \varphi)$$

$$u_1(t) = K_M U_S(t) \ U_L(t) = K_M U_S(t) \ U_L\cos\Omega t\cos\omega_0 t\cos\ (\omega_0 t + \varphi)$$

$$= K_M U_S(t) \ U_L\cos\Omega t \frac{1}{2} \ [\cos\varphi + \cos\ (2\omega_0 t + \varphi)]$$

其中，有用分量

$$K_M U_S (t) U_L \cos\Omega t \frac{1}{2}\cos\varphi$$

无用分量 $K_M U_S (t) U_L \cos\Omega t \frac{1}{2}\cos (2\omega_0 t + \varphi)$，可以用滤波器滤除。

## 二、二极管峰值包迹检波

### 1. 电路介绍
二极管峰值包迹检波电路如图 6-3-2 所示。

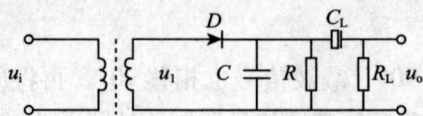

图 6-3-2

### 2. 工作原理
失真（见图 6-3-3）：

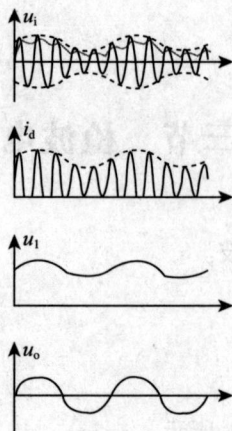

图 6-3-3

（1）二极管伏安特性的非线性。

（2）二极管导通电压不为 0。

（3）负载时间常数过大引起的失真为惰性失真（对角切割失真）。

惰性失真（见图 6-3-4）：

图 6-3-4

电容 C 过大，时间常数太大，以致包迹应跟踪衰减时，电压一时降不下来。
不失真条件

$$RC \leqslant \frac{\sqrt{1 - m_a^2}}{m_a \Omega}$$

（4）交、直流负载不等引起的失真为负峰切割失真（底边切割失真）。
负峰切割失真（见图 6 - 3 - 5）：

**图 6 - 3 - 5**

交、直流负载不等引起二极管负极电位提高造成的底边切割失真。
不失真条件

$$m_a < \frac{R // R_E}{R} = \frac{R_L}{R + R_L}。$$

检波器的电压传输系数：

（1）直流电压传输系数：$K_d = \dfrac{输出直流电压}{输入载波幅度} = \dfrac{U_d}{U_{om}}$。

（2）交流电压传输系数：$K_{d\Omega} = \dfrac{输出低频电压幅度}{输入调幅波包络变化幅度} = \dfrac{U_{\Omega m}}{m_a U_{om}}$。

（3）高频输入电阻：$R_\omega = \dfrac{R}{2}$。

# 第四节　变　频

## 一、定义

将原信号的各个频率分量移至新的频域，并且各分量的频率间隔和相对幅度保持不变。

$$新频率 = 原频率 + / - 参考频率$$

## 二、相乘混频

### 1. 原理
利用模拟乘法器实现和频或差频，再用滤波器滤除其一。

## 2. 框图

相乘混频框图如图 6 - 4 - 1 所示。

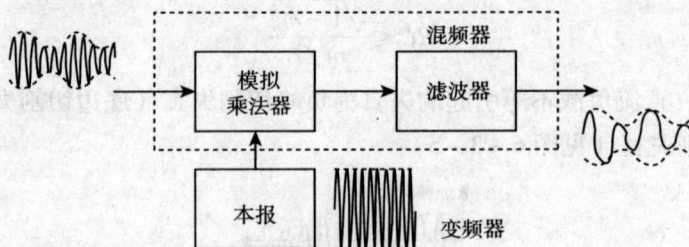

图 6 - 4 - 1

## 3. 频谱

相乘混频频谱如图 6 - 4 - 2 所示。

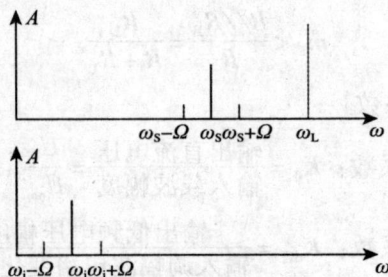

图 6 - 4 - 2

# 三、二极管双平衡混频

## 1. 原理

利用二极管搭成桥路来混频，用选频网络滤除无用的频率。（二极管的指数率，利用幂级数展开，取其中的平方项来实现混频，取和频或差频。）

## 2. 特点

工作频率极高，微波波段。

# 四、混频时产生的干扰和失真

## 1. 原因

混频器件的非理想相乘特性；有用信号频率、本振频率、干扰信号频率构成的某种特殊的关系。

## 2. 类型

（1）组合频率干扰（哨叫干扰）。

（2）镜像干扰。

（3）中频干扰。

（4）交叉调制干扰。

（5）互相调制干扰。

### 3. 消除方法

在混频器之前加选频电路。

## 五、镜像干扰

镜像频率干扰是超外差接收机特有的现象，设信号频率为 $f_S$，振荡频率为 $f_{lo}$，中频 $f_{IF} = f_{lo} - f_S$。如果在比 $f_S$ 高二个中频处有一个信号频率 $f_m$，它像是以 $f_{lo}$ 为镜子，站在 $f_S$ 处看到的镜像，所以称像频。这一信号和被测信号，都能够经过混频，得到中频分量，然后进入中频处理，这样就产生了混叠，我们称这种干扰为镜像干扰。如图 6-4-3 所示。

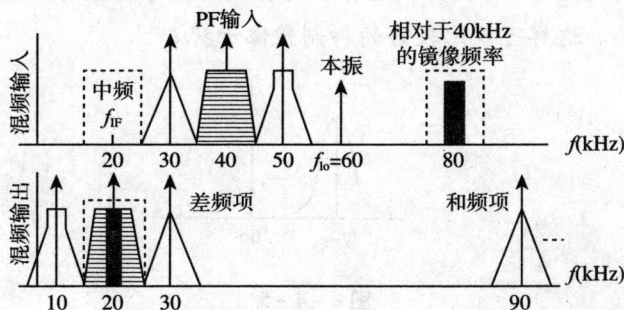

图 6-4-3

在超外差式无线电接收机中，符合以下条件，信号就能够进入中放

$$（n \times 本机振荡频率）\pm（m \times 信号频率）= \pm k \times 中频频率$$

### 思考题

如何防止镜像干扰？

**答案**：如果要防止镜像干扰，必须在信号进入混频之前对信号进行预处理。主要的方法有两种：

（1）采用上变频，并且采用高中频的方法。

如图 6-4-4 所示，根据 $f_m = f_S + 2f_{IF}$，镜像频率就会相对比较高，可以在输入衰减器之后，采用低通滤波器，这样可以有效抑制镜像干扰。对于小于 3GHz 的低频信号，通入 3GHz 低通滤波器，然后采用第一中频为 3.9214GHz 的高中频，然后经过两次变频（第一次变成 321.4MHz，第二次变成 21.4MHz）再进入 IF 处理。但是这种情况，仅仅适用于小于 3GHz 的低频信号。因为如果在高频信号采用这种方法，中频要定得更高，很不易于在后面进行多次变频处理，使其达到 21.4MHz。

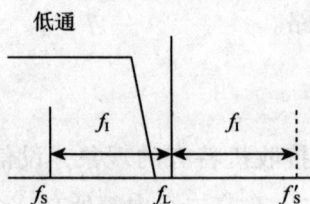

图 6 - 4 - 4

（2）采用预选器的方法进行处理。

如图 6 - 4 - 5 所示，YTF 就是一个中心频率可以根据 LO 信号频率控制变化的带通滤波器（通频带比较窄）。这样经过混频的信号，就可以确定是在滤波器范围内的信号了。这样可以比较好的抑制镜像干扰。

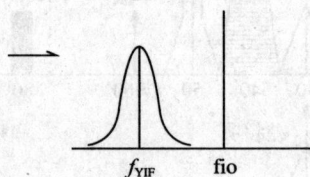

图 6 - 4 - 5

## 第七章　非线性频率变换——角度调制与解调

### 第一节　概　述

频率调制和相位调制合称为角度调制（简称调角）。因为相位是频率的积分，所以频率的变化必得引起相位的变化，反之亦然。所以调频信号和调相信号在时域特性、频谱宽度，调制与解调的原理和实现方法等方面都有密切的联系。

角度调制和解调属于非线性频率变化，比属于线性频率变化的振幅调制和解调在原理和电路实现上都要困难一些。由于角度调制信号在抗干扰方面比振幅信号要好得多，所以虽然角度调制信号要占用更多的宽带，但仍得到了广泛的应用。

其中，在模拟通信方面，调频制比调相制更加优越，故大都采用调频制。所以，本章在介绍电路时，以调频电路、鉴频（频率解调）电路为主题，但由于调频信号与调相信号的内在联系，调频可以用调相电路间接实现，鉴频也可以用鉴相（相位解调，也称相位检波）电路间接实现，所以实际上也介绍了一些调相与鉴相电路。

### 第二节　调角信号分析

#### 一、调频波与调相波的表达式

调角波

$$U(t) = U_0\cos\theta(t)，U(t) = U_0\cos(\omega_0 t + \varphi_0)$$

调角波的相位与角频率之间的关系

$$\omega(t) = \frac{\mathrm{d}\theta(t)}{\mathrm{d}t}，\theta(t) = \int\omega(t)\,\mathrm{d}t$$

## 1. 单一余弦信号调制下的调频波

调制信号

$$u_{\Omega}(t) = U_{\Omega}\cos\Omega t$$
$$u_{\Omega}(t) \propto \Delta\omega_{f}(t)$$
$$\Delta\omega(t) = |\omega(t) - \omega_{0}(t)|$$

调频波角频率

$$\omega(t) = \omega_{0} + K_{f}U_{\Omega}\cos\Omega t = \omega_{0} + \Delta\omega_{f}\cos\Omega t$$

调频波最大频偏

$$\Delta\omega_{f} = K_{f}U_{\Omega}$$

调频灵敏度：$K_{f}$（每单位调制电压的角频率偏移量）。

调频波相位

$$\theta(t) = \int\omega(t)\,\mathrm{d}t = \int(\omega_{0} + \Delta\omega_{f}\cos\Omega t)\,\mathrm{d}t = \omega_{0}t + \frac{\Delta\omega_{f}}{\Omega}\sin\Omega t + \varphi_{0}$$

调频波表达式

$$U(t) = U_{0}\cos\theta(t),\ \ U(t) = U_{0}\cos\left(\omega_{0}t + \frac{\Delta\omega_{f}}{\Omega}\sin\Omega t + \varphi_{0}\right)$$
$$U(t) = U_{0}\cos\left(\omega_{0}t + m_{f}\sin\Omega t + \varphi_{0}\right)$$

调频系数（最大相偏）

$$m_{f} = \frac{\Delta\omega_{f}}{\Omega} = \frac{K_{f}U_{\Omega}}{\Omega}$$

## 2. 单一余弦信号调制下的调相波

调制信号

$$U_{\Omega}(t) = U_{\Omega}\cos\Omega t$$

调相波相位

$$\varphi(t) = \omega_{0}t + K_{P}U_{\Omega}\cos\Omega t + \varphi_{0} = \omega_{p}\cos\Omega t + \varphi_{0}$$

调相波最大相移（调相系数）

$$m_{p} = K_{P}U_{\Omega},\ \ U_{\Omega}(t) \propto \omega_{p}$$

调相灵敏度：$K_{f}$（每单位调制电压的相位偏移量）。

调相波角频率

$$\omega(t) = \frac{\mathrm{d}\theta(t)}{\mathrm{d}t} = \omega_{0}t + m_{p}\cos\Omega t = \varphi_{0} = \omega_{0} - \Delta\omega_{p}\sin\Omega t$$

调相波表达式

$$U(t) = U_{0}\cos\left(\omega_{0}t + m_{p}\cos\Omega t + \varphi_{0}\right)$$

调相波最大频偏

$$\Delta\omega_p = m_p\Omega$$

## 二、调频波和调相波的比较

### 1. 共同点

调频波和调相波的最大相移与最大频偏之间的关系均为

$$m = \frac{\Delta\omega}{\Omega}$$

普通调幅波的 $m_a < 1$；但调角波的 $m$ 可以大于 1。

### 2. 区别

调频波

$$U_\Omega(t) \propto \Delta\omega_f(t)$$

调相波

$$U_\Omega(t) \propto \omega_p$$

## 三、调频波和调相波的频谱、频带宽度

### 1. 频谱

（1）cos 调制

调频波

$$U(t) = U_0\cos(\omega_0t + m_f\sin\Omega t + \varphi_0)^*$$

调相波

$$U(t) = U_0\cos(\omega_0t + m_p\cos\Omega t + \varphi_0)^*$$

（2）sin 调制

调频波

$$U(t) = U_0\cos(\omega_0t - m_f\cos\Omega t + \varphi_0)^*$$

调相波

$$U(t) = U_0\cos(\omega_0t + m_p\sin\Omega t + \varphi_0)^*$$

由上式可见，带有 ∗ 的公式非常相似，下面来分析调角波的频谱和频带宽度。

$$U(t) = U_0\cos(\omega_0t + m\sin\Omega t + \varphi_0)$$

将公式中括号里面的内容合并项

$$U(t) = U_0\cos(m\sin\Omega t + (\omega_0t + \varphi_0)$$

$$U(t) = U_0[\cos(m\sin\Omega t\cos(\omega_0t + \varphi_0) - \sin(m\sin\Omega t)\sin(\omega_0t + \varphi_0)]$$

根据第一类贝塞尔函数展开，可知 $\cos(m\sin\Omega t)$，只含有偶次项；$\sin(m\sin\Omega t)$，只含有奇次项。

结论：

（1）余弦（或正弦）调制下的调频波是由载频和无穷多对边频构成的。

（2）各边频的大小与调制系数 $m$ 有关。

（3）各个边频之间的频率间隔为 $\Omega$。

（4）所占用的频谱宽度无穷大。

注意：当调制信号包含有多个频率成分时，各边频的幅度，不仅与单个频率的调制系数有关，而且还与其他频率的调制系数有关。这不符合叠加定理，所以称为非线性调制。

**2. 频谱宽度**

在实际应用中，可以进行工程上的近似。由于边频分量的幅度随着阶数的增大而迅速下降，所以在工程上阶次高的边频分量可以忽略。

即：$B = 2(m+1)\Omega = 2(\Delta\omega + \Omega)$。

# 第三节  调频及调相信号的产生

## 一、对调频器的基本要求

（1）调制特性为线性。

（2）调制时的载波频率要有一定的稳定度。

（3）最大频偏与调制频率无关。

（4）无寄生调幅或寄生调幅应尽可能小。

## 二、实现调频的原理和方法

### 1. 直接调频原理

直接调频原理是将调制信号电压直接去控制自激振荡器的自激振荡频率。利用调制信号电压去改变振荡器的定额元件来实现直接使载波的瞬时振荡频率按照调制信号的变化规律线性地改变。

直接调频的基本原理如图 7-3-1 所示，以变容二极管代替电感三点式中的电容，从而达到控制频率的目的。

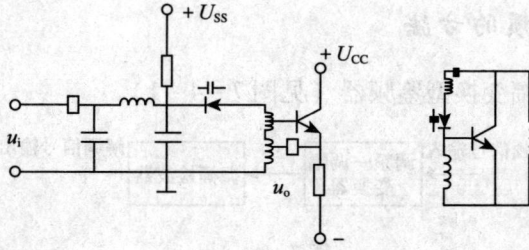

图 7 - 3 - 1

**2. 间接调频原理**

间接调频原理是利用频率与相位之间的微积分关系，把信号先积分再调相，最终得到调频波。

$$\omega(t) = \frac{\mathrm{d}\theta(t)}{\mathrm{d}t}$$

$$\theta(t) = \int \omega(t)\,\mathrm{d}t$$

间接调频原理性框图如图 7 - 3 - 2 所示。

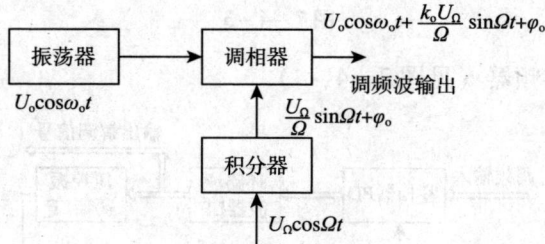

图 7 - 3 - 2

# 第四节　频率解调的基本原理和方法

## 一、对鉴频电路的要求

（1）鉴频跨导 $S_D$ 高：$S_D = \dfrac{U_{\Omega m}}{\Delta f_m}$。

（2）频带宽度大。

（3）非线性失真小。

99

## 二、实现鉴频的方法

（1）调频—调幅变换型鉴频器（见图7-4-1）。

调频信号输入 → 调频—调幅变换器 → 振幅检波器 → 解调信号输出

图7-4-1

（2）相位鉴频器（见图7-4-2）。

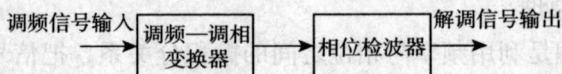

调频信号输入 → 调频—调相变换器 → 相位检波器 → 解调信号输出

图7-4-2

（3）脉冲计数式鉴频器（见图7-4-3）。

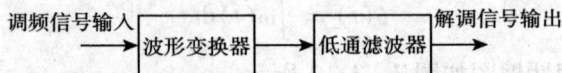

调频信号输入 → 波形变换器 → 低通滤波器 → 解调信号输出

图7-4-3

（4）锁相环鉴频器（见图7-4-4）。

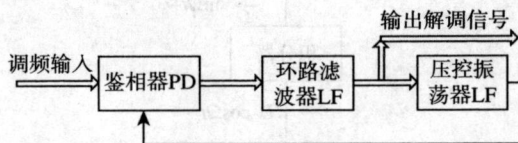

调频输入 → 鉴相器PD → 环路滤波器LF → 压控振荡器LF → 输出解调信号

图7-4-4

## 三、单失谐回路鉴频器

（1）电路介绍（见图7-4-5）。

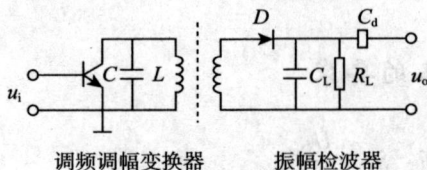

图7-4-5

（2）工作原理（见图7-4-6）。

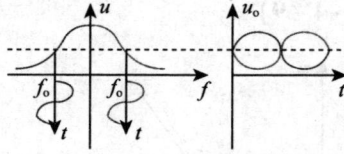

图 7 - 4 - 6

（3）工作波形（见图 7 - 4 - 7）。

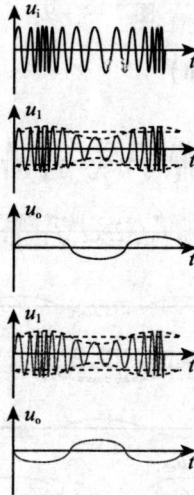

图 7 - 4 - 7

单失谐回路鉴频器的缺点：由于谐振曲线不是严格直线，会造成调频—调幅变换非线性失真。

## 四、双失谐回路鉴频器

### 1. 优点

（1）鉴频器的工作频带增大。

（2）减小失真。（类似于推挽电路。）

### 2. 应用

双失谐回路鉴频器主要应用于无线通信、微波通信等。

### 3. 电路介绍（见图 7 - 4 - 8）

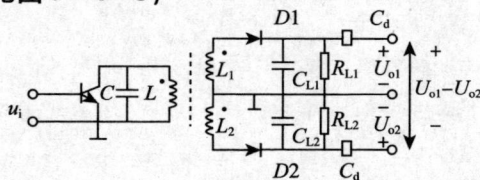

图 7 - 4 - 8

**4. 工作原理（见图 7 - 4 - 9）**

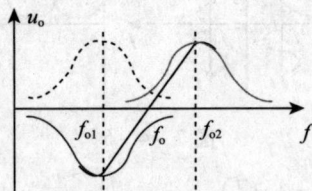

图 7 - 4 - 9

**5. 工作波形（见图 7 - 4 - 10）**

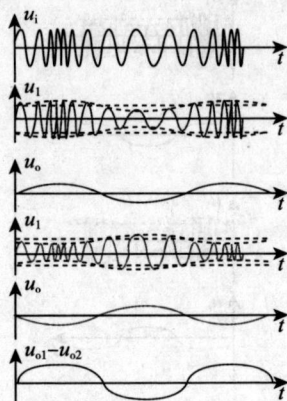

图 7 - 4 - 10

# 第八章　反馈控制电路

## 第一节　自动增益控制（AGC）

### 一、反馈控制电路的应用

几乎所有电路的调节都要靠反馈来控制电路的功率、频率、相位要靠以下不同的反馈来控制。

（1）功率不能恒定（距离、远近）——自动增益控制。

（2）保持频率的稳定——自动频率控制。

（3）保持相位的稳定——自动相位控制（锁相）。

### 二、目的

自动增益控制的目的是将接收到的信号控制在某一范围内。当信号超过某标称值时，输出信号便不再随输出信号的增大而增大。

## 第二节　自动频率控制（AFC）

### 一、定义

自动频率控制又称为自动频率微调，它的主要作用是自动调整振荡器的振荡频率。

### 二、流程图

自动频率控制电路流程图如图 8 - 2 - 1 所示。

图 8 - 2 - 1

# 第三节 自动相位控制（APC 或 PLL）

自动相位控制又称锁相（PLL），锁相是使一个自激振荡器的相位受某个基准振荡的控制，使自激振荡器的相位和基准振荡的相位维持恒定的关系。

## 一、锁相环的构成

锁相环的构成如图 8 - 3 - 1 所示。

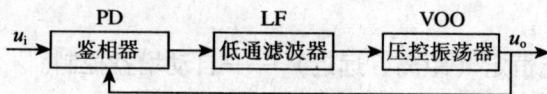

图 8 - 3 - 1

## 二、工作原理

将输入信号和输出信号送至鉴相器中，输出代表相位差的误差电压，此电压经过低通滤波器滤除高频分量后，再去控制压控振荡器的频率，使之和输入端的相位相接近。

## 三、名词介绍

（1）捕捉：两个信号的相位差引起的误差电压经环路滤波器滤掉高频成分后，作用在压控振荡器上，使压控振荡器的频率向输入信号频率靠拢，直到频率相同，相位同步。

（2）同步：当输入信号的频率在一定范围内变动时，输出信号的频率跟随输入信号的频率发生变化。

（3）失锁：当起始频差过大，或输入信号频率变化超出允许范围时，压控振荡器的频率和相位跟踪不上，输出信号频率和输入信号频率越差越远，锁相环失去控制。

# 电子电路的设计与制作

## 第九章　Protel 99 SE 的介绍

### 第一节　Protel 99 SE 概述

#### 一、Protel 99 SE 的组成

Protel 99 SE 软件是电子线路设计与制板方面的佼佼者，Protel 99 SE 是一个 32 位的 Windows 软件，其编辑环境采用了视窗风格，利用鼠标和键盘就可以轻松进行设计工作，操作起来非常方便，极大地提高了设计工作的效率。Protel 99 SE主要由两部分组成，每个部分各有几个模块：

**1. 电路工程设计部分**

电路工程设计部分分为三个模块，有：

（1）电路设计部分：电路原理设计部分包括电路图编辑器（简称 SCH 编辑器）、电路图零件库编辑器（简称 Schlib 编辑器）和各种文本编辑器。本系统的主要功能：绘制、修改和编辑电路原理图；更新和修改电路图零件库；查看和编辑有关电路图和零件库的各种报表。

（2）印刷电路板设计系统（Advanced PCB 99）：印刷电路板设计系统包括印刷电路板编辑器（简称 PCB 编辑器）、零件封装编辑器（简称 PCBLib 编辑器）和电路板组件管理器。本系统的主要功能：绘制、修改和编辑电路板；更新和修改零封装；管理电路板组件。

（3）自动布线系统（Advanced Route 99）：本系统包含一个基于形状（Shape - based）的无栅格自动布线器，用于印刷电路板的自动布线，以实现 PCB 设计的自动化。

**2. 电路仿真和可编程逻辑器件设计部分**

电路仿真和可编程逻辑器件设计部分分为三个模块，有：

（1）电路模拟仿真系统（Advanced SIM 99）：电路模拟仿真系统包含一个数字/模拟信号仿真器，可提供连续的数字信号和模拟信号，以便对电路原理图进

行信号模拟仿真，从而验证其正确性和可行性。

（2）可编程逻辑设计系统（Advanced PLD 99）：可编程逻辑设计系统包含一个有语法功能的文本编辑器和一个波形编辑器（Waveform）。本系统的主要功能：对逻辑电路进行分析、综合；观察信号的波形。利用 PLD 系统可以最大限度地精简逻辑部件，使数字电路设计达到最简化。

（3）高级信号完整性分析系统（Advanced Integvity 99）：信号完整性分析系统提供了一个精确的信号完整性模拟器，可用来分析 PCB 设计、检查电路设计参数、实验起调量、阻抗和信号谐波要求等。

## 二、Protel 99 SE 的特点及发展

### 1. Protel 99 SE 的特点

Protel 99 SE 的特点，包括如下几个方面：

（1）灵活方便的编辑功能，功能强大的自动化设计。

（2）完善的库管理功能，原理元器件库和 PCB 封装库。

（3）良好的兼容性和可扩展性，综合设计数据库，使用设计数据库，可以为用户提供一个良好的平台。

（4）在设计管理器中工作，使用网络设计组，可以实现基于异地设计的全部设计方法。

（5）自然语言帮助系统。

（6）原理图快速连线。

（7）优越的混合信号电路仿真。

（8）更容易进行 PLD 设计，可以进行适合用户需要的逻辑器件设计。

（9）简便的同步设计，精确的信号完整性分析。

（10）增强的手动推挤布线方式，新的布线倒角风格。

（11）增强的元器件布局工具，可以实现对原建图自动布局，增强的 PCB 设计原则。

（12）快速生成元器件类。

（13）创建计算机辅助制造文件 CAM 输出文件，包括 NC 钻孔报表文件及 BOM 文件。

（14）强大的电路图层面管理功能，可以让用户创建各种多面板。

（15）PCB 可支持设计层数为 32 层、版图大小为（2540mm＊2540mm）或（100in＊100in）的多层线路板。

（16）强大的设计自动化功能。

## 2. Protel 的发展

CAD 技术的应用，大大推动了电子/微电技术的进步，技术的进步和市场竞争，又推动 CAD 技术的不断完善，构成了计算机应用技术的一个重要分支：包括时间辅助工程（Computer Aided Engineering，CAE）、计算机辅助制造（Computer Aided Manufacturing，CAM）、计算机辅助测试（Computer Aided Test，CAT）、计算机辅助质量保障（Computer Aided Quality Assuranee，CAQ）。这些技术相互交叉，密不可分，因此，有人以 CAD 的复数形式把它们统称 CADS，在 CAD 之前冠以电子（Electronic）的英文字头，用 ECAD 表示电子领域 CAD 系统。

尽管 ECAD 技术的应用获得了巨大成就，但并没有把人从繁重的设计工作中彻底解放出来。在设计工作中，始终是人和计算机协同工作，人是设计工作的主体，计算机是辅助人工作的工具。由人确定设计要求，进行总体设计，提出具体的方案，计算机接受人给的设计信息后，靠高存储量的记忆能力和高速运算，对设计方案进行模拟、检验、数据处理。在整个设计过程中，计算机完成某些设计步骤的自动化程度还不高，各设计环节间的衔接不够通畅，设计资源的利用还不够充分，当出现错误或设计不理想时，要由人进行大量、烦琐地修改。也就是说，在 ECAD 技术中，人的积极因素和智慧因素未得到更充分的发挥。

Protel 99 SE 中提供了两种文件管理方式；一种是标准的 Windows File system 方式，该方式该文件分散组织在用户指定的文件夹中；另一种方式是采用综合数据库来管理文件，所有与设计有关的文件，如文本文件、原理图文件、PCB 文件、输出文件等，均以数据库的形式集中组织在一起，可以实现高度有效、快捷的管理。

使用项目组促进设计协作项目组的所有成员可同时访问同一个设计数据库的信息，确保整个设计组的工作协调配合，可大大提高设计效率，同时通过设定权限以保证文件系统的安全。

Protel 99 SE 适应电子技术的发展，是目前电子 CAD 领域应用最为广泛的辅助设计软件之一。

## 三、Protel 运行环境

### 1. 建议硬件基本配置

CPU Pentium Ⅱ 300MHz 以上；

内存 128MB；

显示器 1024×768 像素。

**2. 操作系统**

Microsoft Windows NT 4.0 或以上版本（含中文版）。

Microsoft Windows 95/98/2000 或以上版本（含中文版）。

# 第二节 原理图设计

## 一、电路原理图的设计步骤

在 Protel 99 SE 中，设计电路板的基本过程可分为以下 3 个步骤：

**1. 电路原理图的设计**

电路原理图的设计主要是利用 Protel 99 SE 中的原理图设计系统 Advance Schematic 99 来绘制一张电路原理图。在这一步中，可以充分利用其所提供的各种原理绘图工具、丰富的在线库、强大的全局编辑能力以及便利的电气规则检查来达到设计目的。

**2. 产生网络表及其他报表**

网络表是电路板自动布线的灵魂，也是原理图设计与印制电路板设计的主要接口。网络表可以从电路原理图中获得，也可以从印制电路板中提取。其他报表则存放了原理图的各种信息。

**3. 印制电路电路板的设计**

印制电路板设计是电路设计的最终目标，可利用 Protel 99 SE 的强大功能实现电路板的版面设计，完成高难度的布线以及输出报表等工作。

概括地说，整个电路板的设计过程先是编辑电路原理图，并且生成网络表，然后进行布局，再人工布线或根据网络表进行自动布线，前面谈到的这些内容都是设计中最基本的步骤。

在此补充一下，原理图设计完成后，我们可用电路信号仿真进行验证调整，电路信号仿真是原理图设计的扩展，为用户提供一个完整的从设计到验证的仿真设计环境。它与 Protel 99 SE 原理图设计服务器协同工作以提供一个完整的前端设计方案。

除此以外，用户还可以用 Protel 99 SE 的其他服务器进行其他设计，如创建、编辑元器件和零件封装库等。

## 二、进行电路原理图绘制的操作步骤

### 1. Protel 99 SE 的界面介绍

从桌面鼠标双击图标 ![Protel 99 SE] 进入 Protel 99 SE 主窗口，如图 9 – 2 – 1 所示。

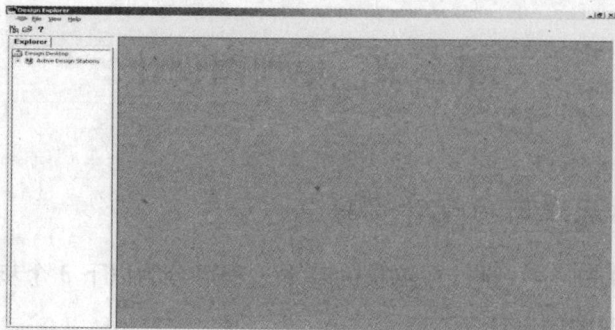

图 9 – 2 – 1

### 2. Protel 99 SE 的菜单栏

（1）File 菜单

主要用于文件的管理，包括文件的打开、新建等。选项及功能介绍如下：

① New：新建一个空白文件，文件的类型为综合型数据库，格式"ddb"。

② Open：打开并装入一个已经存在的文件，以便进行修改。

③ Exit：退出 Protel 99 SE 界面。

（2）View 菜单

用于切换设计管理器、状态栏、命令行的打开与关闭，每项均为开关量，鼠标单击一次，其状态改变一下。

（3）Help 菜单

用于打开帮助文件。

### 3. 新建文件夹

如图 9 – 2 – 2 所示，在 Protel 99 SE 主窗口中，单击 File – New 菜单，弹出"New Design Database"对话框，

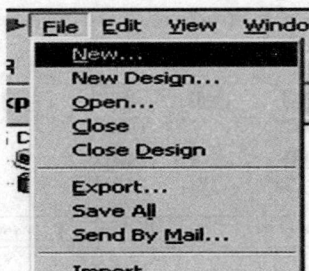

图 9 - 2 - 2

如图 69 - 2 - 3 所示，在该对话框中，Design Storage Type 选项表示数据库存储类型，默认选择是 MS Access Database（存取数据库）；Database File Name 选项表示数据库文件名；点击 Browse…按钮，可选择文档放置路径，点击 OK 按钮确认，关闭该对话框，并弹出窗口，如图 9 - 2 - 4 所示。

图 9 - 2 - 3

图 9 - 2 - 4

双击文件夹 Documents，进入该文件夹，单击菜单 File - New，在弹出的 "New Document" 对话框中，如图 9 - 2 - 5 所示，选中 Schematic Document 图标，以建立一个原理图文件（. Sch），点击 OK 按钮确认。

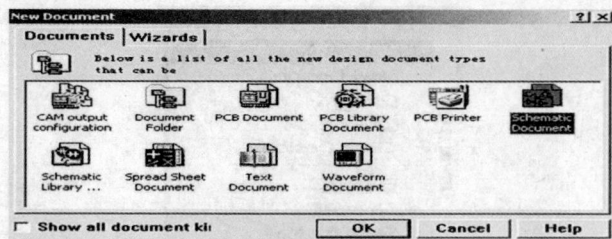

**图 9 - 2 - 5**

回到 Protel 99 SE 窗口后，修改原理图文件名，然后双击该文件图标，进入原理图设计窗口，如图 9 - 2 - 6 所示。

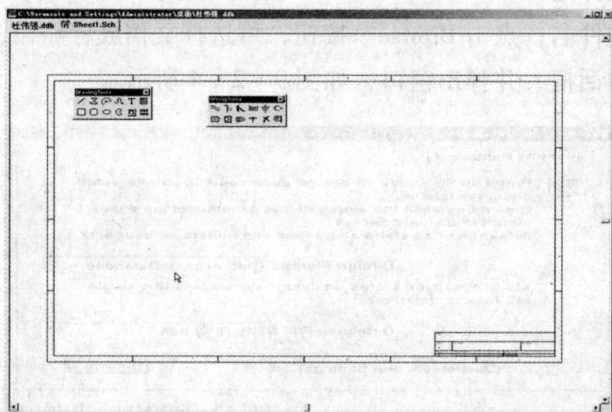

**图 9 - 2 - 6**

# 第三节　常用基本设置操作

## 一、图纸的设置

Protel 99 SE 默认的图纸尺寸是 B 型图纸，这里以 A4 为例，如图 9 - 3 - 1 所示。

在画图区下点击鼠标右键，会出现如图 9 - 3 - 2 所示的对话框，单击 Document Options…后出现如图 9 - 3 - 3 所示的对话框，在其对话框内可以通过改变数值来改变图纸的大小。

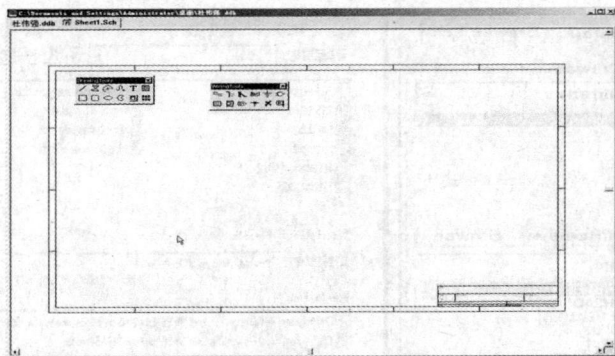

图 9 – 3 – 1

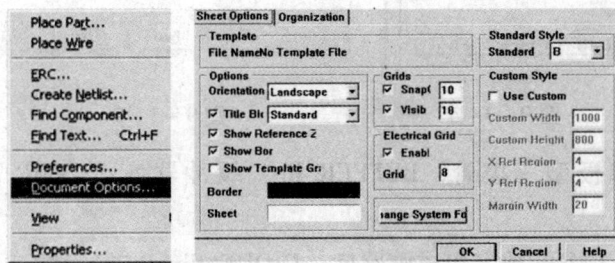

图 9 – 3 – 2　　　　　　　图 9 – 3 – 3

## 二、添加仿真元器件库

在设计电路原理图时，要先装入元器件库，然后才能在元器件库中取出元器件将其放入图纸中。其具体操作步骤如下：

步骤 1：首先在设计管理器中选择 Browse Sch 页面，如图 9 – 3 – 4 所示。在该页面的 Browse 区域中的下拉框中选择 Libraries 选项。

步骤 2：单击 Add/Remove 按钮，在弹出的窗口上部搜索下拉框中，选择 Protel 99 SE 所在的文件夹，再选择路径：Protel 99 SE 文件夹\Libraries\Sch，在元器件库显示窗口找到 Sim，如图 9 – 3 – 5 所示，单击窗口下部的 Add 按钮，就可以看到在窗口中的 Selected Files 区域将显示仿真元器件库 Sim 的路径，最后单击 OK 按钮，添加完毕。

此时在 Browse Sch 标签的元器件库列表中，发现 My SchLib. lib，表示该库已经被加载，其中的元器件可以被使用了。

在 Protel 99 SE 中有如下仿真元器件库：

7SEGDISP. lib：七段数码管库；74xx. lib：通用 74 系列数字集成电路库；

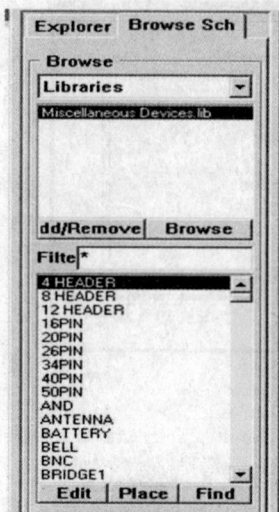 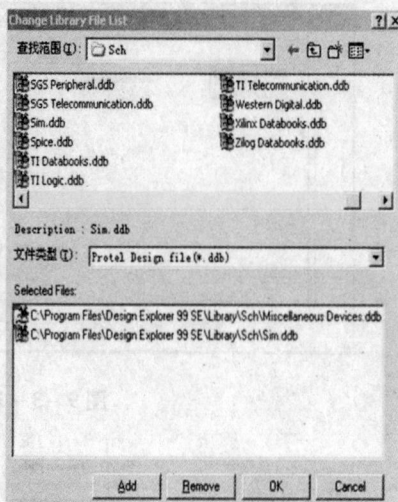

图 9 – 3 – 4                    图 9 – 3 – 5

BJT. lib：双极型三极管；BUFFER. lib：缓冲器库；CAMP. lib：电流放大器库；

CMOS. lib：CMOS 数字集成电路库；DIODE. lib：二极管库；

REGOLATOR. lib：稳压电源库，包括 7805，7812，LM317，TL431；

RELAY. lib：继电器库；SCR. lib：晶闸管库；

Simulation Symbols. lib：基本仿真元器件库。包括电阻，电容，电感，各种电源等；

TIMER. lib：时基电路库；TUBE. lib：电子管库；UJT. lib：单结晶体管库；

TRIAC. lib：双向晶闸管库；SWITCH. lib：开关元器件库；OPAMP. lib：运算放大器库；

JFET. lib：结型场效应晶体管；选择 Simulation Symbols. lib，查看基本仿真元器件；

CAP：电容；CAP2：电解电容；INDUCTOR：电感；RES：电阻；VSRC：直流电压源；

VSIN：正弦电压源；VPULSE：脉冲电压源。

## 三、元器件的布局

### 1. 布局原则
元器件的布局以核心器件为基准，合理分散，间距得当，便于连线。

**2. 布局的基本操作**

在布局过程中，将应用到元器件对等的选定、移动、旋转等操作。

（1）选定操作

① 选定一个对象。拖动鼠标，利用其画出的矩形框围住这个元器件对象，在默认情况下，其四周会出现黄色的矩形框，表示该元器件被选定。

② 选定区域内对象。利用其画出的矩形框围住这个区域，则区域内所有对象处于选定状态。

（2）取消选定

取消选定就是撤销元器件的选定状态。完成此项操作，最直接的方法是单击主工具栏的 图标。

（3）移动对象

① 移动一个对象。单击该对象图形符号，并拖动鼠标，则可以实现该元器件的移动操作。

② 移动多个对象。首先选定这几个对象，然后拖动其中任意一个对象，则被选定的对象将一起移动。

（4）旋转对象

由于电路布局和连线的需要，旋转对象是必要的。单击对象并按住鼠标左键不放，按"X"键，可实现水平翻转；按"Y"键，可实现垂直翻转；按空格键，可实现90°的旋转。如图9-3-6所示。

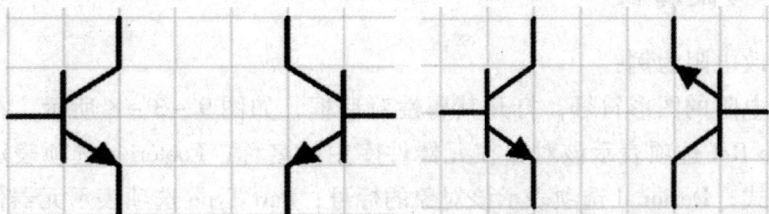

图9-3-6

**四、删除放错的元器件**

在放错元器件时，单击并选中放错的元器件，点击键盘上的"DELETE"键即可删除该放错的元器件。

## 五、连线

### 1. 进入画线状态

选择菜单 View – Toolbars – Wiring Tools 打开画线工具栏，单击画线工具栏的 图标，进入画线状态，此时出现十字光标。

### 2. 画线

移动十字光标指导线起点（如某个元器件的引脚处），当十字光标的中心出现一个黑色的圆点时，表明导线起点已经确定，点击鼠标，则画下起点。向导线终点位置移动鼠标，当移动鼠标至导线终点出，在十字光标中心再次出现黑色圆点后，单击鼠标，则画下了该段导线，如图 9 – 3 – 7 所示。

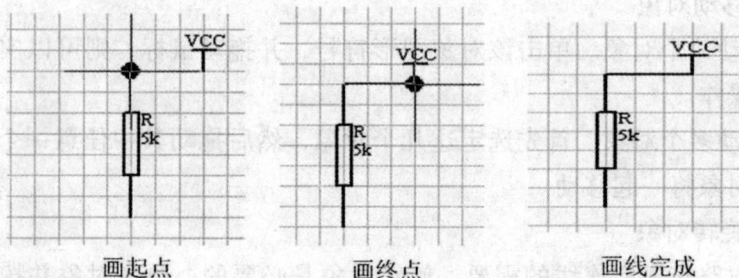

画起点　　　　　画终点　　　　　画线完成

**图 9 – 3 – 7**

## 六、修改属性

以修改电阻为例：

双击电阻的图形符号，打开其属性对话框，如图 9 – 3 – 8 所示。在该属性框中，Lib Ref 选项表示该对象在元器件库中的名称；Footorint 选项表示该对象的封装形式；Desional 选项表示该对象的标号；Part Type 选项表示元器件的标称值或型号；Sheet Path 选项表示对象所在的电路；Part 选项表示对象功能单元的序号；Selection 选项表示该对象是否被选定；Hidden Pins 选项表示是否显示被隐藏的引脚。

电阻、电解电容、直流电压源等元器件具有欧洲图形，可以在元器件属性设置窗口的图形（Graphical Attlrs）设置页面，将图形模式（Mode）从 Normal 转换成 DeMorgan。如图 9 – 3 –9 所示。

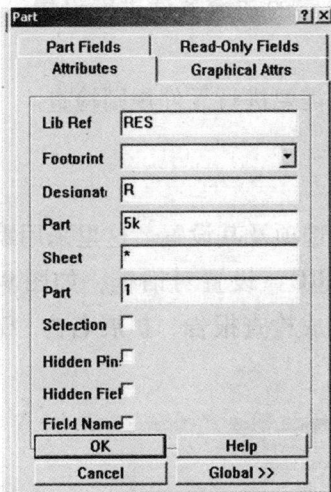
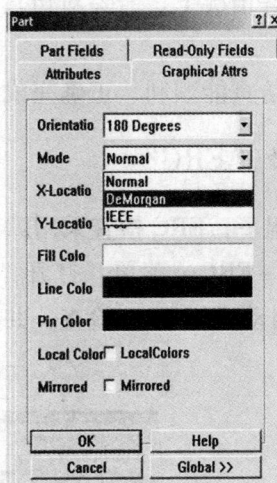

图 9 – 3 – 8　　　　　　　　　　图 9 – 3 – 9

# 第四节　原理图的仿真

Protel 99 SE 可以对模拟和数字信号混合电路进行仿真。其仿真引擎使用的是伯克利分校的 SPICE /XSPICE。它可以让我们精确地仿真各种器件，比如 TTL、CMOS、BJT 等构成的电路。

Protel 99 SE 中支持的电路分析类型有：静态工作点分析、交流小信号分析、瞬态分析、傅里叶分析、噪声分析、直流分析、参数扫描分析、温度扫描分析和蒙特卡罗分析。

可用于仿真的电路，必须满足以下条件：

（1）在仿真电路图中放置的元器件必须是可以进行仿真的元件模型。这些元件模型可以从 Protel 99 SE 提供的仿真库中选取，对于库中没有的元件，可以自定义仿真元件。

（2）在仿真电路图中的电源，必须是真正的仿真电源，而不像在电路原理图的设计中只是作为一个符号。在仿真电路中，要使电路形成真正的回路，才能进行仿真。

（3）若仿真电路的输入端需要有输入信号，必须放置从仿真库中取出的相应信号源，激励和驱动电路工作。

（4）在有些情况下，需要对仿真电路的初始条件进行设置，以保证有正确的仿真结果。

（5）为了仿真能顺利、正确完成，需要进行元件规则检查。

## 一、启动"ERC"

在一般情况下，ERC 检查采用默认选项及其设置。这里采用默认设置。

单击 Tools – ERC…菜单，打开"ERC"设置对话框，如图 9 – 4 – 1 所示。单击 OK 按钮自动进行 ERC 检查，并生成检查报告，扩展名为 . Erc，如图 9 – 4 – 2 所示。

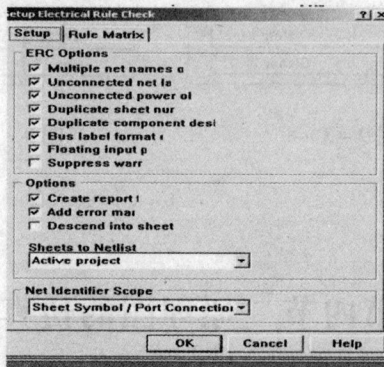

**图 9 – 4 – 1**

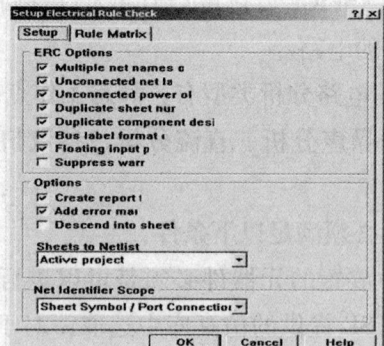

**图 9 – 4 – 2**

单击 Tools – ERC…菜单，点击 OK 按钮，开始电气规则检查，并生成检查报告，如图 9 – 4 – 3 所示。

图 9 - 4 - 3

该报告内容显示，原理图无错误存在。

若检查有错误，则回到原理图中，会发现发生错误的地方有红色的⊗标记。将错误处修改，然后重新进行 ERC 检查，直到报告显示没有错误为止。

## 二、电路仿真的步骤

进行电路仿真的具体步骤如下：

（1）在原理图编辑器中加载仿真元器件库"Sim. ddb"。

（2）在电路图上放置仿真元器件，并设置元器件的仿真参数。

（3）连线绘制仿真原理图。

（4）在仿真原理图中添加电源及激励源。

（5）设置仿真节点及电路初始状态。

（6）仿真前，先对电路原理图进行 ERC 检查。

（7）设置仿真分析的参数。

（8）对电路仿真进行运行并获得结果。

## 三、仿真设置说明

在进行仿真前，设计者必须选择电路分析的方法、收集的变量数据以及电子电路的设计与装配后自动显示的变量波形等。

完成对电路的编辑后，此时，设计者可以对电路进行分析工作。

单击 Simulate – Setup 命令，进入仿真器的设置，再单击 Setup 选项，将启动

"仿真器设置"对话框。

在"General"选项中,设计者可以选择分析类别。

## 四、简述各种分析

（1）静态工作点分析

静态工作点是在分析放大电路中提出来的,它是放大电路正常工作的重要条件。当放大器的输入信号短路,则放大器处于无信号输入状态,称为静态。如果静态工作点选择不合适,则输出波形会失真,因此设置合适的静态工作点是放大电路正常工作的前提。

（2）直流扫描分析

直流扫描分析就是直流转移特性,当某输入在一定范围内步进变化时,计算电路直流输出变量的相应变化曲线。例如,某个电压源从 1V 到 50V 变化,步长可由用户设定,给每一个相应的电压计算出一套电路参数并显示。

（3）交流小信号分析

交流分析是在一定的频率范围内计算电路和响应。如果电路中包含非线性器件或元件,在计算频率响应之前就应该得到此元器件的交流小信号参数。在进行交流分析之前,必须保证电路中至少有一个交流电源,也即在激励源中的AC 属性域中设置一个大于零的值（一般在电路中设为1V）。

（4）瞬态响应分析

瞬态响应分析是对时域中的输入信号确定时域中的输出。瞬态响应分析产生的波形像示波器,所有的输出量都是时间的函数,在进行瞬态响应分析之前会自动进行工作点分析。

## 五、电路仿真演示

如图 9-4-4 所示,General 为静态工作点分析、DC Sweep 为直流扫描分析、Temperature Sweep 为温度扫描分析、Transient/Fourier 为瞬态分析和傅立叶分析、Transfer Function 为传递函数分析、AC Small Signal 为交流小信号分析、Noise 为噪声分析、Parameter Sweep 为参数扫描分析。进行分析时按" ⚡ "键会出现如图 9-4-5 所示的对话框,进行如图设置,完成后按按钮" Run Analyses "键进行分析,至图 9-4-6 仿真结束。

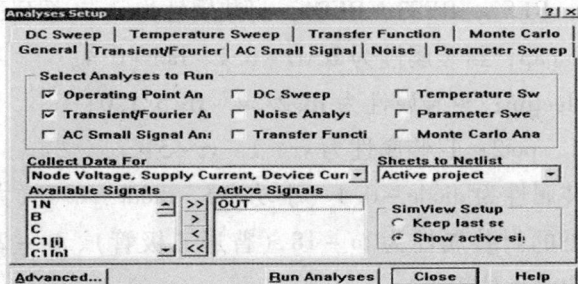

图 9 - 4 - 4

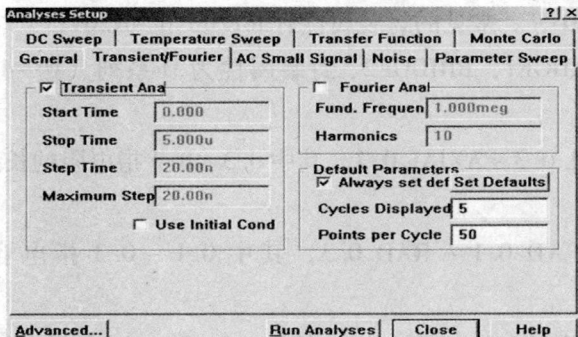

图 9 - 4 - 5

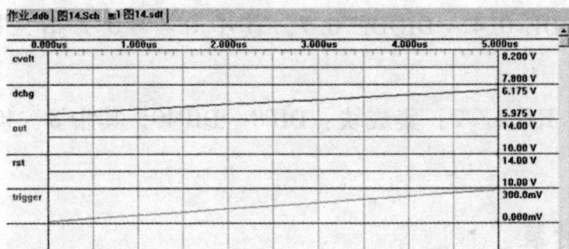

图 9 - 4 - 6

# 第五节 常见元件的封装

## 一、元器件封装

要进行 PCB 的制作，先要进行原理图的修改和元器件的封装。修改是将电源和输出用连接器代替。下面介绍常见元器件的封装。

电阻：RES1，RES2，RES3，RES4，封装属性为 axial 系列；

无极性电容：cap；封装属性为 RAD－0.1～rad－0.4；

电解电容：electroi；封装属性为 rb.2/.4～rb.5/1.0；

电位器：pot1，pot2；封装属性为 vr－1～vr－5；

二极管：封装属性为 diode－0.4（小功率）、diode－0.7（大功率）；

三极管：常见的封装属性为 to－18（普通三极管）、to－22（大功率三极管）、to－3（大功率达林顿管）；

电源稳压块有 78 和 79 系列；78 系列如 7805，7812，7820 等；79 系列有 7905，7912，7920 等。常见的封装属性有 to126h 和 to126v；

整流桥：BRIDGE1，BRIDGE2，封装属性为 D 系列（D－44，D－37，D－46）；

电阻：AXIAL 0.3～AXIAL 0.7，其中 0.3～0.7 指电阻的长度，一般用 AXIAL 0.4；

瓷片电容：RAD 0.1～RAD 0.3，其中 0.1～0.3 指电容大小，一般用 RAD 0.1；

电解电容：RB.1/.2～RB.4/.8，其中，1/.2～.4/.8 指电容大小；

（一般＜100uF 用 RB.1/.2，100uF～470uF 用 RB.2/.4，＞470uF 用 RB.3/.6）

二极管：DIODE 0.4～DIODE 0.7，其中 0.4～0.7 指二极管长短，一般用 DIODE0.4；

发光二极管：RB.1/.2；集成块：DIP8～DIP40，其中 8～40 指有多少脚，8 脚的就是 DIP8。

## 二、零件封装

零件封装是指实际零件焊接到电路板时所指示的外观和焊点的位置，是纯粹的空间概念，因此不同的元件可共用同一零件封装，同种元件也可有不同的零件封装。如电阻，有传统的针插式，这种元件体积较大，电路板必须钻孔才能安置元件，完成钻孔后，插入元件，再过锡炉或喷锡（也可手焊），成本较高，较新的设计都是采用体积小的表面贴片式元件（SMD），这种元件不必钻孔，用钢膜将半熔状锡膏倒入电路板，再把 SMD 元件放上，即可焊接在电路板上。关于零件封装，我们在前面说过，除了 Device.lib 库中的元件外，其他库的元件都已经有了固定的元件封装，这是因为 Device.lib 库中的元件有多种形式。

以晶体管为例，晶体管是我们常用的元件之一，在 Device.lib 库中，简简单单的只有 NPN 与 PNP 之分，但实际上，如果它是 NPN 的 2N3055，那它有可能是铁壳子的 TO—3，如果它是 NPN 的 2N3054，则有可能是铁壳的 TO－66 或 TO－5，而学用的 CS9013，有 TO－92A，TO－92B，还有 TO－5，TO－46，TO－52 等等，千变万化。

还有一个就是电阻，在 Device 库中，它也是简单地把它们称为 RES1 和 RES2，不管它是 100Ω 还是 470KΩ 都一样，对电路板而言，它与欧姆数根本不相关，完全是按该电阻的功率数来决定的，我们选用的 1/4W 和甚至 1/2W 的电阻，都可以用 AXIAL0.3 元件封装，而功率数大一点的话，可用 XIAL0.4，AXIAL0.5 等等。

现将常用的元件封装整理如下：

① 电阻类及无极性双端元件 AXIAL0.3 ~ AXIAL1.0。

② 无极性电容 RAD0.1 ~ RAD0.4。

③ 有极性电容 RB.2/.4 ~ RB.5/1.0。

④ 二极管 DIODE0.4 及 DIODE0.7。

⑤ 石英晶体振荡器 XTAL1。

⑥ 晶体管、FET、UJT TO－xxx（TO－3，TO－5）。

⑦ 可变电阻（POT1、POT2）VR1 ~ VR5。

当然，我们也可以打开 C：\Client98\PCB98\library\advpcb.lib 库来查找所用零件的对应封装。这些常用的元件封装，我们最好能够熟记于心，在进行记忆时，我们可以将其拆分成两部分来记，如电阻 AXIAL0.3 可拆成 AXIAL 和 0.3，"AXIAL" 翻译成中文就是轴状的，"0.3" 则是该电阻在印刷电路板上的焊盘间的距离，也就是 300mil（即 7.62mmm，因为在电机领域里，是以英制单位为主的）。

同样的，对于无极性的电容 RAD0.1 ~ RAD0.4 也有记忆技巧，对有极性的电容，如电解电容，其封装为 RB.2/.4，RB.3/.6 等，其中 ".2" 为焊盘间距，".4" 为电容圆筒的外径。对于晶体管，可以直接看它的外形及功率，大功率的晶体管，用 TO—3；中功率的晶体管，如果是扁平的，用 TO－220，如果是金属壳的，用 TO－66；小功率的晶体管，用 TO－5，TO－46，TO－92A 等。对于常用的集成 IC 电路，有 DIPxx，就是双列直插的元件封装，DIP8 就是双排，每排有 4 个引脚，两排间距离是 300mil，焊盘间的距离是 100mil。SIPxx 就是单排的封装，等等。

需要注意的是晶体管与可变电阻，同样的包装，其管脚可能不一定。例如，对于 TO－92B 之类的包装，通常是 1 脚为 E（发射极），而 2 脚有可能是 B 极（基极），也可能是 C（集电极）；同样的，3 脚有可能是 C，也有可能是 B，具体是哪个，只有拿到了元件才能确定。因此，电路软件不敢硬性定义焊盘名称（管脚名称）。同样，场效应管 MOS 管也可以用跟晶体管一样的封装，它可以通用于三个引脚的元件。Q1 - B，在 PCB 里，加载这种网络表的时候，就会找不到节点（对不上）。而在可变电阻上也同样会出现类似的问题。

在原理图中，可变电阻的管脚分别为 1、W 和 2，管脚产生的网络表，就是 1、2 和 W，在 PCB 电路板中，焊盘就是 1，2，3。当电路中有这两种元件时，就要修改 PCB 与 SCH 之间的差异。修改差异最快的方法是在产生网络表后，直接在网络表中，将晶体管管脚改为 1，2，3；将可变电阻的管脚改成与电路板元件外形一样的 1，2，3 即可。

### 三、学习心得

封装的处理是个没有多大学问但是颇费功夫的"琐事"，举个简单的例子：DIP8，有的库用 DIP - 8，有的用 DIP8。即使对同一封装结构，在各公司的产品 Datasheet 上描述差异就很大（不同的文件名体系、不同的名字称谓等）；还有同一型号器件，而管脚排序不一样的情况；等等。对老器件，例如电感是有不同规格（电感量、电流）和不同的设计要求的（插装/SMD）。这类问题对刚开始使用这类软件的人来说很困难，他们往往很难有把握地找到（或者说确认）资料中对应的 footprint 就一定正确，这其实很正常。在遇到此类问题时，我们可以根据电路设计确定选型、找到产品资料，认真核对封装，必要时自己建库（元件），这些都是使用这类软件完成设计的必要的信息积累。如果坚持下去，新手估计只需要完成一两个产品设计，就会熟练的。

## 第六节　电子设计案例——多谐振荡器及单稳态触发器

### 一、多谐振荡原理图

多谐振荡器的原理图如图 9 - 6 - 1 所示。

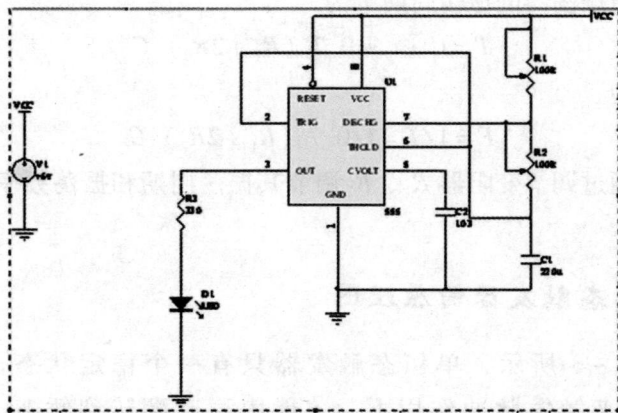

图 9 - 6 - 1

多谐振荡器没有稳定状态，只有两个暂稳态。接通电源后，多谐振荡器不需要外加触发信号，电路通过电容的充电和放电就可在两个暂稳态之间相互转换，从而产生自激振荡，输出周期性的矩形脉冲信号。

PCB 板图如图 9 - 6 - 2 所示。

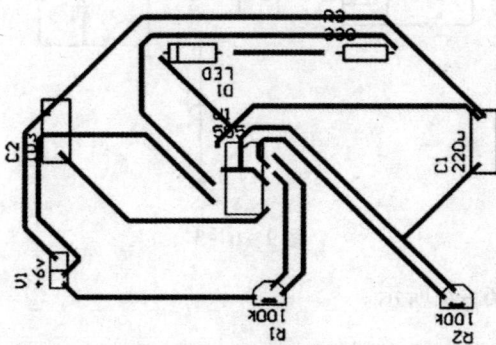

图 9 - 6 - 2

由多谐振荡器的工作原理可知：多谐振荡器的振荡周期

$$T 为 T = t_1 + t_2$$

$t_1$ 为电容 $C_1$ 上的电压由 $1/3Vcc$ 充电到 $2/3Vcc$ 所需的时间，充电回路的时间常数为 $(R_1 + R_2) C$。$t_1$ 可用下式估算

$$t_1 = (R_1 + R_2) CIn2 \approx 0.7 (R_1 + R_2) C$$

$t_2$ 为电容 $C_1$ 上的电压由 $2/3Vcc$ 下降到 $1/3Vcc$ 所需的时间，放电回路的时间常数为 $R_2C$。$t_2$ 可用下式估算

$$t_2 = R_2CIn2 \approx 0.7R_2C$$

所以，多谐振荡器的振荡周期 $T$ 为

$$T = t_1 + t_2 \approx 0.7\ (R_1 + 2R_2)\ C$$

振荡频率为

$$F = 1/T = 1/0.7\ (R_1 + 2R_2)\ C$$

因此，可通过调节变阻器 $R_1$、$R_2$ 调节其振荡周期和振荡频率，从而控制彩灯的闪烁频率。

## 二、单稳态触发器的原理图

如图 9-6-3 所示，单稳态触发器只有一个稳定状态，另一个是暂态；电路在外来触发脉冲作用下，才能由稳态翻转到暂态；经过一段时间，电路会返回到稳态。我们可加入 RC 微分电路来控制其输出脉冲的周期。（$T = 1.1RC$）

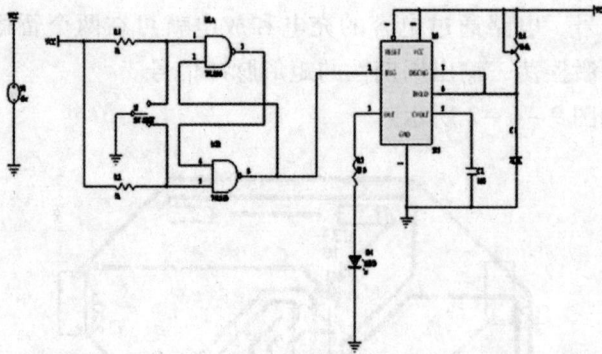

图 9-6-3

PCB 板如图 9-6-4 所示。

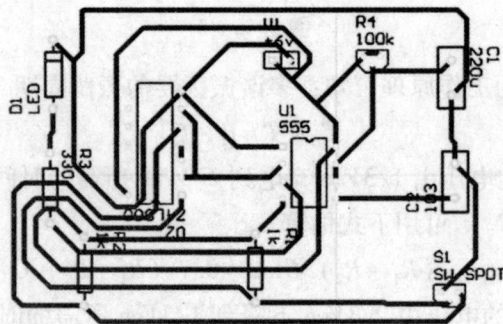

图 9-6-4

## 三、元件选择以及常用元件的识别（见表9－6－1）

表9－6－1

| Designator | Component | Library Reference Sheet |
|---|---|---|
| C1 | 220u | 多谐振荡器 . Sch |
| C2 | 103 | 多谐振荡器 . Sch |
| D1 | LED | 多谐振荡器 . Sch |
| R1 | 100k | 多谐振荡器 . Sch |
| R2 | 100k | 多谐振荡器 . Sch |
| R3 | 330 | 多谐振荡器 . Sch |
| U1 | 555 | 多谐振荡器 . Sch |
| V1 | +6v | 多谐振荡器 . Sch |
| Designator | Component | Library Reference Sheet |
| C1 | 220u | 单稳态触发器 . Sch |
| C2 | 103 | 单稳态触发器 . Sch |
| D1 | LED | 单稳态触发器 . Sch |
| R1 | 1k | 单稳态触发器 . Sch |
| R2 | 1k | 单稳态触发器 . Sch |
| R3 | 330 | 单稳态触发器 . Sch |
| R4 | 100k | 单稳态触发器 . Sch |
| S1 | SW－SPDT | 单稳态触发器 . Sch |
| U1 | 555 | 单稳态触发器 . Sch |
| U2A | 74LS00 | 单稳态触发器 . Sch |
| U2B | 74LS00 | 单稳态触发器 . Sch |
| V1 | +6v | 单稳态触发器 . Sch |

# 第七节　元件的检测

元件的测试是一门很重要的学问，元件测试要学会使用万用表和在面包板上调试，其中学会测试元件的关键是要学会使用万用表（即多用电表）。万用表，即可以测试电压、电阻、电流的电表。

## 一、万用表的使用方法

（1）熟悉表盘上各符号的意义及各个旋钮和选择开关的主要作用。

（2）进行机械调零。

（3）根据被测物的种类及大小，选择转换开关的挡位及量程，找出对应的刻度线。

（4）选择表笔插孔的位置。

（5）测量电压：测量电压（或电流）时要选择好量程，如果用小量程去测量大电压，则会有烧表的危险；如果用大量程去测量小电压，那么指针偏转太小，无法读数。量程的选择应尽量使指针偏转到满刻度的2/3左右。如果事先不清楚被测电压的大小，应先选择最高量程挡，然后逐渐减小到合适的量程。

① 交流电压的测量：将万用表的一个转换开关置于交、直流电压挡，另一个转换开关置于交流电压的合适量程上，万用表两表笔和被测电路或负载并联即可。

② 直流电压的测量：将万用表的一个转换开关置于交、直流电压挡，另一个转换开关置于直流电压的合适量程上，且"＋"表笔（红表笔）接到高电位处，"－"表笔（黑表笔）接到低电位处，即让电流从"＋"表笔流入，从"－"表笔流出。若表笔接反，表头指针会反方向偏转，容易撞弯指针。

（6）测电流：测量直流电流时，将万用表的一个转换开关置于直流电流挡，另一个转换开关置于50uA～500mA的合适量程上，电流的量程选择和读数方法与电压一样。测量时必须先断开电路，然后按照电流从"＋"到"－"的方向，将万用表串联到被测电路中，即电流从红表笔流入，从黑表笔流出。如果误将万用表与负载并联，则因表头的内阻很小，会造成短路烧毁仪表。其读数方法如下：

$$实际值 = 指示值 \times 量程/满偏$$

（7）测电阻：用万用表测量电阻时，应按下列方法进行：

① 选择合适的倍率挡。万用表欧姆挡的刻度线是不均匀的，所以倍率挡的选择应使指针停留在刻度线较稀的部分为宜，且指针越接近刻度尺的中间，读数越准确。一般情况下，应使指针指在刻度尺的 1/3 ~ 2/3 间。

② 欧姆调零。测量电阻之前，应将两个表笔短接，同时调节"欧姆（电气）调零旋钮"，使指针刚好指在欧姆刻度线右边的零位。如果指针不能调到零位，说明电池电压不足或仪表内部有问题。并且每换一次倍率挡，都要再次进行欧姆调零，以保证测量准确。

③ 读数：表头的读数乘以倍率，就是所测电阻的电阻值。

（8）注意事项

① 在测电流、电压时，不能带电换量程。

② 选择量程时，要先选大的，后选小的，尽量使被测值接近于量程。

③ 测电阻时，不能带电测量。因为测量电阻时，万用表由内部电池供电，如果带电测量则相当于接入一个额外的电源，可能损坏表头。

④ 用毕，应使转换开关在交流电压最大挡位或空挡上。

## 二、在面包板上调试

元件要按照原理图的结构在面包板上搭试电路。调试前要对照电路图和实际线路检查连线是否正确，包括错接、少接、多接等；元器件引脚之间有无短路，连接处有无接触不良；二极管、三极管、集成电路和电解电容的极性是否正确；电源供电包括极性、信号源连线是否正确；电源端对地是否存在短路（用万用表测量电阻）。

调试注意事项：

（1）正确使用测量仪器的接地端，仪器的接地端与电路的接地端要有可靠连接。

（2）在信号较弱的输入端，尽可能使用屏蔽线连线，屏蔽线的外屏蔽层要接到公共地线上，在频率较高时要设法隔离连接线分布电容的影响，例如，用示波器测量时应该使用示波器探头连接，以减少分布电容的影响。

（3）测量电压所用仪器的输入阻抗必须远大于被测处的等效阻抗。

（4）测量仪器的带宽必须大于被测量电路的带宽。

（5）正确选择测量点进行测量。

（6）认真观察记录实验过程，包括条件、现象、数据、波形、相位等。

（7）出现故障时要认真查找原因。

# 第八节  焊接操作介绍

## 一、基本步骤

（1）准备焊接：左手拿焊丝，右手握烙铁，要求烙铁头保持清洁，无焊渣等氧化物。

（2）加热焊件：将烙铁头靠在两焊件的连接处，加热整个焊件全体，时间大约 1s~2s。注意烙铁头要同时接触焊盘和元件的引线。

（3）送入焊丝：焊件的焊接表面加热到一定温度后，焊锡丝从烙铁对面接触焊件。

（4）移开焊丝：当焊丝熔化一定量后，立即向左上 45°方向移开焊丝。

## 二、焊接手法的具体实施

（1）保持烙铁头的清洁。

（2）靠增加接触面积来加快传热。

（3）加热要靠焊锡桥。

（4）烙铁的撤离要及时，而且撤离时的角度和方向与焊点的形成有关。

（5）在焊锡固定以前不能移动，否则极易产生虚焊。

（6）焊锡用量要适中。

（7）焊剂用量要适中。

（8）不要把烙铁头作为运载焊剂的工具。

## 三、对焊接的要求

（1）可靠的电气连接。

（2）足够的机械强度。

（3）光洁整齐的外观。

（4）形状为近似圆锥而且表面微微凹陷。

（5）焊件的连接面呈半弓形凹面，焊件与焊料交界处平滑，接触脚尽可能小。

（6）表面光泽且平滑。

（7）无裂纹，针孔。

## 四、具体焊接

### 1. 元器件的焊接练习

操作：每人拿一部分电阻在废电路板上练习焊接。

出现的问题：

（1）加热时间过长，造成焊点外观变差，焊盘脱落。

（2）加热时间过短，造成焊锡没有完全熔化。

（3）焊锡过多，造成焊点不美观，焊接质量不好。

（4）焊锡过少，造成虚焊。

解决方法：经过多次练习后，焊接技术基本熟练，焊接手法也趋于规范，焊点质量逐渐变好。

### 2. 导线的焊接

方式：搭焊、直焊、勾焊、平焊。

数量：各练习三次。

出现的问题：由于技术不熟练，平焊时往往焊锡太多。

解决方法：多次练习后，能把握焊锡量的多少。

## 五、焊接工艺的体会

### 1. 焊接基本操作"五步法"

焊接是金属加工的基本方法之一，其基本操作"五步法"包括以下内容：准备施焊，加热焊件，熔化焊料，移开焊锡，移开烙铁（将第二、三步与第四、五步各合为一步，即为"三步法"）。这些操作看似容易，实则需要长时间练习才能掌握。

### 2. 虚焊原因分析

未形成合金的焊料简单地堆附或部分形成合金的焊锡称为虚焊。虚焊产生的原因有：被焊件表面不清洁；焊接时夹持工具晃动；焊铁头温度过高或过低；焊剂不符合要求；焊点的焊料太多或太少。虚焊虽然在短时间内能使电流通过，但时间久了就会出现电流时断时续现象，即使有电流通过，电流也会变小，甚至出现短路，在用电笔接触电源正、负级时可能会出现"滋滋"声。

### 3. 焊接注意事项

现总结以下几点心得与经验：

（1）焊接顺序

元器件装焊顺序依次为：电阻器、电容器、二极管、三极管、集电器，其他元器件为先小后大电子元器件的焊接。

（2）焊接要点

① 焊接最好是松香、松香油或无酸性焊剂，不能用酸性焊剂，否则会把焊接的地方腐蚀掉。

② 焊接前，把需要焊接的地方先用小刀刮净，使它显出金属光泽，涂上焊剂，再涂上一层焊锡。

③ 焊接时电烙铁应有足够的热量，才能保证焊接质量，防止虚焊和日久脱焊。

④ 烙铁在焊接处停留的时间不宜过长。

⑤ 烙铁离开焊接处后，被焊接的零件不能立即移动，否则因焊锡尚未凝固而使零件容易脱焊。

⑥ 对接的元件接线最好先绞和后再上锡。

⑦ 在焊接晶体管等不耐高温器件时，最好用小平嘴钳或镊子夹住晶体管的引出脚，焊接时还要掌握时间。

⑧ 半导体元件的焊接最好采用较细的低温焊丝，焊接时间要短。

## 六、常用元器件的焊接

### 1. 电阻器焊接

电阻器焊接要将电阻器准确装入规定位置，要求标记向上，字向一致，装完同一种规格后再装另一种规格，尽量使电阻器的高低一致，焊完后将露在印制电路板表面的多余引脚齐根剪去。

### 2. 电容器焊接

电容器焊接要将电容器按图装入规定位置，并注意有极性电容器其"＋""－"极不能接错，电容器上的标记方向要易看，先装玻璃釉电容器、有机介质电容器、瓷介电容器，最后装电解电容器。

### 3. 二极管的焊接

二极管焊接要注意以下几点：第一，注意阳极阴极的极性，不能装错；第二，型号标记要易看；第三，焊接立式二极管时，对最短引线焊接时间不能超过 2s。

#### 4. 三极管的焊接

三极管的焊接要注意 e、b、c 三引线位置插接正确；焊接时间尽可能短，焊接时用镊子夹住引线脚，以利散热。焊接大功率三极管时，若需加装散热片，应将接触面平整、打磨光滑后再紧固；若要求加垫绝缘薄膜时，切勿忘记加薄膜。管脚与电路板上需连接时，要用塑料导线。

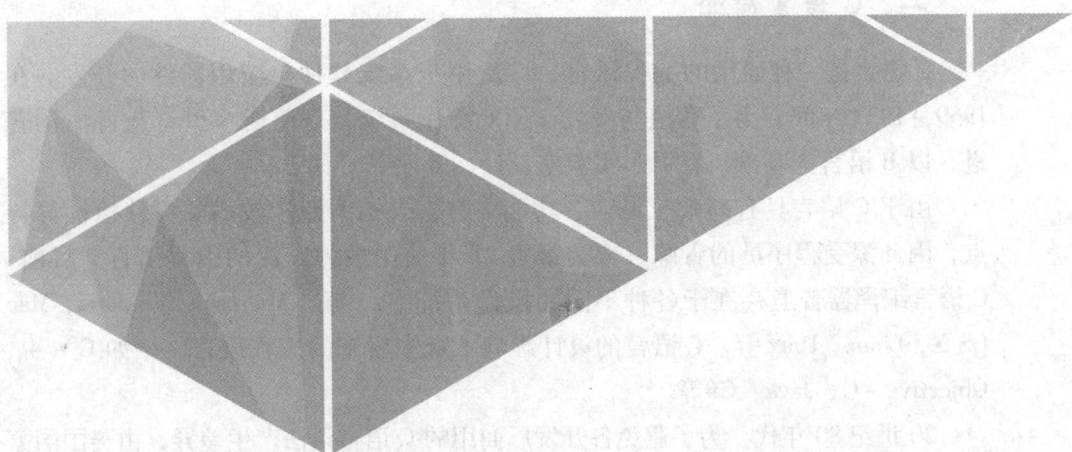

|下 篇|

# 计算机编程

# 第十章 C 语言程序设计

## 第一节 C 语言概述

### 一、程序设计语言的发展

程序设计语言的发展大致经历了这四次升级换代：

（1）机器语言：机器语言是唯一能被计算机直接解释和执行的语言。

（2）汇编语言：与机器语言相似，但加入了助记符 Add a，b，a + b，源程序经翻译后才能执行。

（3）面向过程的语言：克服了低级语言受硬件限制的特点，程序设计主要关注组织数据和设计算法两个部分。

（4）面向对象的程序设计语言：这是一种结构模拟的方法，把现实世界看成是由许多对象组成，对象间通过消息进行联系，每个对象都是一个数据和方法的封装体——抽象数据类型，是当代程序设计的主体。

### 二、C 语言简介

C 语言是一种通用的编程语言，广泛用于系统软件与应用软件的开发。在 1969 ~ 1973 年间，为了移植与开发 UNIX 操作系统，丹尼斯·里奇与肯·汤普逊，以 B 语言为基础，在贝尔实验室设计、开发了 C 语言。

由于 C 语言具有高效、灵活、功能丰富、表达力强和较高的可移植性等特点，因此深受程序员的青睐，成为最近 25 年使用最为广泛的编程语言。目前，C 语言编译器普遍存在于各种不同的操作系统中，例如 Microsoft Windows，Mac OS X，Linux，Unix 等。C 语言的设计影响了众多后来的编程语言，例如 C + +、Objective – C、Java、C#等。

20 世纪 80 年代，为了避免各开发厂商用的 C 语言语法产生差异，由美国国家标准局为 C 语言定制了一套完整的国际标准语法，称为 ANSI C，作为 C 语言的标准。20 世纪 80 年代至今的有关程序开发工具，一般都支持匹配 ANSI C 的语法。

## 三、编写实例：Hello，C！

```
main（）
{
printf（" Hello，C!"）;
}
```

## 四、在 Turboc 中编写运行 C 程序的步骤

（1）启动 TC。

（2）按组合键 Alt + F，进入 File 菜单，执行 "New" 命令，新建源文件。

（3）输入代码并保存——编辑，按组合键 Alt + F，进入 File 菜单，执行 "Save" 命令，保存源文件。

（4）按组合键 Alt + C，进入 Compile 菜单，执行 "Compile to OBJ" 命令，若代码有错，需纠错——编译。

（5）按组合键 Alt + C，进入 Compile 菜单，执行 "Make EXE File" 命令，若代码有错，需纠错——连接。

（6）按组合键 Alt + R，进入 Run 菜单，执行 "Run" 命令——执行。

（7）按组合键 Alt + F5，查看运行结果，查看完后按下 Enter 键，返回编辑环境。

说明：在实际运行中，可通过快捷键简化一些操作。

## 五、C 程序的基本构成

C 程序的基本构成如图 10 - 1 - 1 所示。

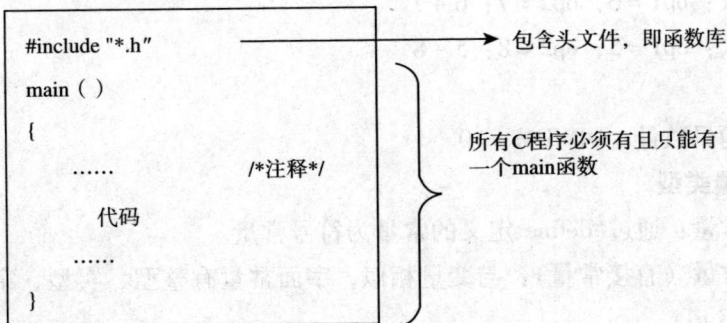

```
#include "*.h"          →  包含头文件，即函数库
main（）
{
    ……
          /*注释*/       所有C程序必须有且只能有
    代码                 一个main函数
    ……
}
```

图 10 - 1 - 1

137

# 第二节　基本数据类型

## 一、数据类型简介

### 1. 数据类型

对数据的"抽象"：12，13，45，1.2，1.56，0.4e6，RuiLi，DaLi。

### 2. 为什么要有数据类型

20040102 可以代表学号，属于字符；可以代表整数，属于数值；可以代表日期，属于日期时间。

### 3. 基本数据类型

基本数据可分为数值型、字符型、枚举型三种。

## 二、变量和常量

### 1. 变量

在程序运行期间，值可能改变的量（Variation）为变量。

### 2. 常量

在程序运行期间，值不会改变的量（Const）为常量。

例如：计算机出 10 道加法练习题

形式：7 + 5 = ?　8 + 9 = ?

第 1 个加数　加号　第 2 个加数　等号

　　op1　　　+　　　op2　　　=　　result

第 1 次：op1 = 6，op2 = 7：6 + 7

第 2 次：op1 = 5，op2 = 8：5 + 8

……

控制题目数量：OPNUM = 10

### 3. 常量类型

符号常量：通过#define 定义的常量为符号常量。

字面常量（直接常量）：与变量相似，字面常量有整型、实型、字符型，如 3.14，3，RuiLi。

### 三、整型类型

**1. 整型常量**

形如 3，4，67，890，5632 的数据，可以赋给整型变量。

**2. 整型变量**

（1）短整型（short）

声明：short a；

变量定义的格式："数据类型 变量名。"

范围：占 16 位，范围为 −32768 ~ 32767。

（2）整型（int）

声明：int a；

范围：占 16 位，范围为 −32768 ~ 32767。

（3）长整型（long）

声明：long a；

范围：占 32 位，范围为 −2147483648 ~ 2147483647。

实例练习 1：

main（） − − − − − − − − − − − main 函数

{

int a，b，sum； − − − − − − − 声明 3 个整型变量，a、b、sum

a = 312； − − − − − − − − − − 让 a 的值等于 312

b = 789； − − − − − − − − − − 让 b 的值等于 789

sum = a + b； − − − − − − − − 计算 a 加 b 的结果

printf（"The sum of a add b is：%d \n"，sum）；− −将结果显示到屏幕上

}

实例练习 2：对上例的改进

main（）

{

int a，b，sum； − − − − − − − − − −声明整型变量 a，b，sum

printf（"Please input two integers（a and b）：\n"）；− − − − −提示输入 2 个
整数

scanf（"%d,%d"，&a，&b）；− − − −要求输入 2 个整数，a、b，两数间
用逗号隔开，例如 3，5

sum = a + b； − − − − − − − − − − 计算 a、b 之和

```
printf（"Sum = % d\n"，sum）；－－－  将结果输出到屏幕上
}
```

## 四、实型类型

### 1. 实型常量

形如 1.2，0.5，0.0023，1.0，2.0 等数据，可以赋给实型变量。

实型常量的表示：

十进制小数：如 123，123.，0.123，123.0，0.0；

指数形式（规范化）：1.23e6 或 1.23E6——1.23 * 106；

0.123e7 或 0.123E7  非规范化；

12.3e5 或 12.3E5  非规范化。

实例练习：输入 3 个数（整数或小数均可），求平均值。

分析：输入的 3 个数可以是整数，也可是小数，故只能声明为实型。

整数：1. 0 代码：

```
main（）
{
float x1，x2，x3，average；－－－－－－－－－－－－声明4个实型变量，分别
                                        输入的3个数和平均值
printf（"Please input three float data：\n"）；－－  提示输入3个实型数据
scanf(" %f，%f，%f",&x1,&x2,&x3)；－－－－－输入3个实型数据,x1、
                                        x2、x3 用逗号隔开
average =（x1 + x2 + x3）/3；－－－－－－－－－－求平均值
printf("Average = %f\n"，average)；－－－－－输出结果
}
```

### 2. 实型变量

（1）单精度（float）

声明：float a；

范围：占 32 位，－3.4 * 10 − 38 ~ 3.4 * 1038，6 位精度。

（2）双精度（double）

声明：double a；

范围：占 64 位，－1.7 * 10 − 308 ~ 1.7 * 10308，16 位精度。

## 五、字符型

### 1. 字符常量

（1）表示：'x'（用单引号，不能是双引号；只能有一个字符）。

例如：'a' 'b' 表示字符常量 a 和 b。

（2）转义字符：系统定义，有特殊含义的字符。\n——换行；\b——退格，前移一列；\t——水平制表，下跳一制表位，后移 8 列。

### 2. 字符串常量

表示："a dog"（用双引号，不能用单引号；可以放多个字符）。

例如："a dog" 表示字符串 a dog，由 5 个字符组成。

### 3. 字符变量

声明：char c。

注意：一个字符变量只能存放一个字符常量，即

c = 'a'，正确；

c = "a dog"，错误。

实例1：字符常量及转义字符的使用

```
main ( )
{
printf( "\n\n" ) ;  — — — — — — — — — — — — —将当前屏幕换行 2 次,以方
                                             便查看结果

printf( "no break:a dog" ) ; — — — — — — — — —不加 \n 的效果

printf( "\n" ) ; — — — — — — — — — — — — — —换行,以便比较结果

printf( "a break:a \n dog" ) ; — — — — — — — —  加 \n 的效果

printf( "\n" ) ; — — — — — — — — — — — — — —换行,以便比较结果

printf( "no reback:a dog" ) ; — — — — — — — —  不加 \b 的效果

printf( "\n" ) ; — — — — — — — — — — — — —  换行,以便比较结果

printf( "a reback:a\bdog" ) ; — — — — — — — —   加 \b 的效果

printf( "\n" ) ; — — — — — — — — — — — — —  换行,以便比较结果

printf( "a tab:a \t dog" ) — — — — — — — — —   加 \t 的效果
}
```

实例2:字符变量的使用

```
main( )
{
```

```
char c;  — — — — — — — — — — — — — — — — — —声明字符变量 c
c = 'a';  — — — — — — — — — — — — — — — — — c 赋值为 'a'
printf(" \nchar c = % c",c);  — — — — — — —将变量 c 以字符变量的形式
                                          输出,结果应为 a
printf(" \nchar c = % d",c);  — — — — — — —将变量 c 以整型变量的形式
                                          输出,结果为 97
c = c + 1;
printf(" \nchar(c + 1) = % c",c);  — — — — —将变量 c 以字符变量的形式
                                          输出,结果应为 b
printf(" \nchar(c + 1) = % d",c);  — — — — —将变量 c 以整型变量的形式
                                          输出,结果为 98
}
```

# 第三节  运算符

## 一、运算符简介

### 1. 运算符
表示运算形式的符号称为运算符,如:$1+2$、$2*3$、$6/8$。

### 2. C 语言中运算符的种类
在 C 语言中共有 13 类运算符,约有 45 个。

13 类运算符内容具体如下所示:

①算数运算符;②关系运算符;③逻辑运算符;④赋值运算符、复合的赋值运算符;⑤自增和自减运算符;⑥条件运算符;⑦强制类型转换运算符;⑧指针和求地址运算符;⑨计算字节数运算符;⑩下标运算符;⑪结构体成员运算符;⑫位运算符;⑬逗号运算符。

## 二、算术运算符

### 1. 算数运算符
算数运算符包括:+(加)、-(减)、*(乘)、/(除)、%(求余数)。

### 2. 运算规则
(1)优先级:*、/、% 优先级为 3 , + 、-优先级为 4。

（2）结合性：自左至右，$2+6*7-8/2+9\%5$。

实例练习 1：

```
main( )
{
int a,b,m,f,n;- - -a、b 为输入的整数 m = a * b、f = a/b、n = a%b
printf( "Please input two integers( a and b) :\n" ) ;  - - -提示输入整数
scanf ("%d,%d", &a, &b);- - - - -输入，形式为 5, 3
m = a * b;- - - - - - - - - - - - - - * 运算    结果为 15
f = a/b;- - - - - - - - - - - - - - / 运算    结果为 1
n = a%b;- - - - - - - - - - - - - % 运算    结果为 2
printf ("m = a * b = %d\n", m) ; - - -  输出 m
printf ("f = a/b = %d\n", f) ; - - - -  输出 f
printf ("n = a mod b = %d\n", n) ; - -  输出 n
getch ();- - - - - - - - - - - - - -Win - TC 额外要求，查看结果
}
```

### 3. 对/和 % 的理解

（1）/：结果与承载变量的类型相关。

int a, b, f;

f = a/b；因为承载结果的变量 f 是整型，故结果都是整数，不带有小数。

如 a = 3、b = 5，则 f = 3/5 = 0，结果为 0。如果想让除的结果为小数，则需要把 f 声明为 float 型：float a, b, f。

f = a/b；如 a = 3.0，b = 5.0，则 f = 3.0/5.0，结果为 0.6。

（2）%：求余，求余运算要求两侧的数据类型必须是整型（int）。

int a, b, f;

f = a%b；如 a = 5，b = 3，则 f = 5 % 3 = 2（商 1 余 2）。

如 a = 3，b = 5，则 f = 3 % 5 = 3（商 0 余 3）。

float a, b, f;

f = a % b；编译出错。

实例 2：除运算练习

```
main ()
{
int a, b;
int f1 ;
```

```
float f2;
printf ("Please input two integers: (a and b): \n");
scanf ("%d,%d", &a, &b);
f1 = a/b;
float c, d;
c = (float) a;
d = (float) b;
f2 = c/d;
printf ("int f1 = a/b = %d\n", f1);
printf ("int f2 = a/b = %f\n", f2);
getch ();
}
```

实例3：求余运算练习

```
main ()
{
int a, b, f;
printf ("Please input two integers (a and b): \n");
scanf ("%d,%d", &a, &b);
f = a%b;
printf ("f = %d", f);
getch ();
}
```

## 三、关系运算符

### 1. 关系运算符

关系运算符包括：>（大于）、<（小于）、> =（大于或等于）、< =（小于或等于）、= =（等于）、! =（不等于）。

### 2. 运算规则

优先级：均为6，比算术运算符低。

结合性：自左至右。

### 3. 关系运算的结果

关系运算只会有两种结果：真（成立）、假（不成立）。编程时可用1代表真，0代表假。

例如：a > = b，若 a = 4，b = 3 则表达式结果为真，即值为 1；若 a = 3，b = 4 则表达式结果为假，即值为 0。

**4. 对关系运算的几点理解**

（1）a≤x≤b 不能表达为 a < = x < = b，只能表达为 a < = x && x < = b

（2）9 > 1 > = 6 > 8 > 4 在数学中是错误的，而在 C 程序设计中是对的。

9 > 1 结果为 1，表达式变为：1 > = 6 > 8 > 4；

1 > = 6 结果为 0，表达式变为：0 > 8 > 4；

8 结果为 0，表达式变为：0 > 4；

0 > 4 结果为 0。

实例：

```
main ( )
{
int a, b, result;  － － － － 声明整型变量，result 用来承接 a、b 运算的结果
printf ("Please input two integers (a and b): \n");  － － 提示输入两整数
scanf ("%d,%d", &a, &b);  － － － 接受输入分别给变量 a、b，输入形
                                              式为 3，4
result = (a > b);  － － － － － － － － － － － － － － － a > b 运算
printf ("result = (a > b) = %d\n", result);  － － － － －    输出结果
result = (a < b);  － － － － － － － － － － － － － － a < b 运算
printf ("result = (a < b) = %d\n", result);  － － － － －    输出结果
result = (a = = b);  － － － － － － － － － － － － － a = = b 运算
printf ("result = (a = = b) = %d\n", result);  － － － － －    输出结果
result = (a! = b)  － － － － － － － － － － － － － － a! = b 运算
printf ("result = (a! = b) = %d\n", result);  － － － － －    输出结果
}
```

## 四、逻辑运算符

### 1. 逻辑运算符

&&（与运算）：a && b——a = 1、b = 1，表达式为真，结果为 1；（并且）

　　　　　　　　a = 1、b = 0，表达式为假，结果为 0；

　　　　　　　　a = 0、b = 1，表达式为假，结果为 0；

　　　　　　　　a = 0、b = 0，表达式为假，结果为 0。

| |（或运算）：a | | b——a = 1、b = 1，表达式为真，结果为 1；（或）

$a = 1$、$b = 0$，表达式为真，结果为 1 ；

$a = 0$、$b = 1$，表达式为真，结果为 1 ；

$a = 0$、$b = 0$，表达式为假，结果为 0 。

！（非运算）:！a——a = 1，表达式为假，结果为 0 ；（否）

a = 0，表达式为真，结果为 1 。

例：$(4 > 6)$ && $(7 > 3)$：0 && 1，表达式结果为 0；

$(4 > 6)$ ｜｜ $(7 > 3)$：0 ｜｜ 1，表达式结果为 1 ；

！（$4 > 6$）:！0，表式结果为 1 。

**2. 运算规则**

优先级：！优先级为 2（高于算术运算、关系运算）；&&、｜｜优先级为 8（低于算术运算、关系运算）。

结合性：自左至右。

实例：

main（）

{

int result；

result = ！$(1 < 3)$ ｜｜ $(2 < 5)$；

printf（"result = ！$(1 < 3)$ ｜｜ $(2 < 5)$ = % d \n"，result）；

result = ！$(4 < = 6)$ && $(3 < 7)$；

printf（"result = ！$(4 < = 6)$ && $(3 < 7)$ = % d\n"，result）；

}

理解：

result = ！$(1 < 3)$ ｜｜ $(2 < 5)$；    result = ！0 ｜｜ 0；result = 1 ｜｜ 0；

result = 1 ；

result = ！$(4 < = 6)$ && $(3 < 7)$；result = ！1 && 1；result = 0 && 1；

result = 0 。

# 五、自增和自减运算符

**1. 自增和自减运算符**

自增运算符为 + +，自减运算符为 – –。

前缀：+ + i、– – i，先增减后引用。

后缀：i + +、i – –，先引用后增减。

**2. 运算规则**

优先级：均为 2 。

结合性：自右至左。

实例：

```
main（）
{
int a，b，x1，y1，x2，y2；
a＝3；
b＝3；
x1＝a＋＋；
y1＝a；
x2＝＋＋b；
y2＝b；
printf（"a＝%d\nx1＝%d\ny1＝%d\n"，a，x1，y1）；
printf（"b＝%d\nx2＝%d\ny2＝%d\n"，b，x2，y2）；
}
```

理解：

a＝3；

x1＝a＋＋；相当于 x1＝a；a＝a＋1；则 x1＝3，a＝4；

y1＝a；y1＝4；

b＝3；

x2＝＋＋b；相当于 b＝b＋1；x2＝b；则 b＝4，x2＝4；

y2＝b；y2＝4；

## 六、赋值运算符

### 1. 赋值运算符

基本的赋值运算符是"＝"。它的优先级别低于其他的运算符，所以对该运算符往往最后读取。

组合赋值运算符：

＋＝：a＋＝1 相当于 a＝a＋1；

－＝：a－＝1 相当于 a＝a－1；

＊＝：a＊＝2 相当于 a＝a＊2；

／＝：a／＝2 相当于 a＝a／2；

%＝：a%＝2 相当于 a＝a%2。

### 2. 运算规则

优先级：均为 10，除逗号运算符外，优先级是最低的。

结合性：自右至左。

实例：

```
main ( )
{
int a = 4, b = 4, c = 4, d = 4, e = 4;
printf ( "a = %d\tb = %d\tc = %d\td = %d\te = %d\t\n", a, b, c, d, e);
a + = 2;
b - = 2;
c * = 2;
d/ = 2;
e% = 3;
printf ( "a = %d\tb = %d\tc = %d\td = %d\te = %d\t\n", a, b, c, d, e);
getch ( );
}
```

# 第四节　流程控制

## 一、流程控制简介

### 1. 流程控制
流程控制是指按一定的顺序执行语句。

### 2. C 语言中的流程
根据结构化程序设计原理，任何一个程序都可以由三种控制结构组装而成，这三种控制结构是：顺序结构、选择（分支）结构、循环结构。

## 二、顺序结构

顺序结构即自然结构（前文所写实例均为顺序结构），就是按语句书写顺序一条一条地执行。

## 三、选择结构

选择结构所解决的是判断问题，根据判断结果执行相应的操作，相当于汉语中的"如果……，就……，否则……"。

在 C 语言中，选择结构为 if…else…结构。

**if…else…结构**

基本形式：if（exp1）

    {…op1…}

   else

    {…op2…}

执行逻辑：① 如果 exp1 为真，则执行 op1，否则执行 op2。

    ② exp1：可以是算术、关系、逻辑运算表达式。

    ③ op1、op2：可以是多条语句，放在 {} 里。

扩展形式：

（1）if（…）

  { … }

（2）if（…）

   { … }

  else if（…）

   { … }

  else if（…）

   { … }

  else

   {…}

（3）if（…）

  { if（…）

  {…}

   else

  {…}

  }

   else

  {

  if（…）

  {…}

   else

  {…}

```
        }
实例 1：if…else…结构练习
main（）
{
char sex；— — — — — — — — — — —声明字符型变量,用来接受输入的性别
printf（"Please input your sex( M or F)：\n"）；— — — — — —输入提示
scanf（"%c",&sex）；— — — — — — —输入语句,将输入的字母赋给 sex
if( sex ＝＝'M' ‖ sex＝＝'m')— — — — —判定 sex 是否等于 M 或 m
{
printf（"A boy！\n"）；— — — — — — — — —如果 sex 等于 M 或 m,就执行
}
else
{
printf（"A girl！\n"）；— — — — — —如果 sex 不等于 M 或 m,则执行本条
}
}
```

实例 2：if…else…扩展形式练习

要求：输入分数,输出等级(90~100 A ;80~89 B; 70~79 C;60~69 D;60 以下 E)

```
main()
{
int score；
char grade；
printf（"Input score：\n"）；
scanf（"%d",&score）；
if( score ＞＝90)
{ grade ＝'A'；}
 else if( score ＜＝89 && score ＞＝80)
    { grade ＝'B'；}
 else if( score ＜＝79 && score ＞＝70)
{ grade ＝'C'；}
     else if( score ＜＝69 && score ＞＝60)
        { grade ＝'D'；}
```

```
        else
    {grade = 'E';}
printf("score = %d,grade = %c",score,grade);
}
```

实例练习 3：if…else…输入 5 个数字，找出最大值和最小值并输出

算法设计：

从以下 5 个数 12，3，9，21，4 中找出最大值 max 和最小值 min。

第一步：max = 12 min = 12。

第二步：max、min 和第二个数 3 做比较。

如果第二个数大于 max，说明 max 应为第二个数，否则不变；

如果第二个数小于 min，说明 min 应为第二个数，否则不变；

3 和 max、min(12,12) 比较：max = 12，min = 3；

第三步：max、min 和第三个数 9 做比较。

如果第三个数大于 max，说明 max 应为第三个数，否则不变；

如果第三个数小于 min，说明 min 应为第三个数，否则不变；

9 和 max、min(12,3) 比较：max = 12，min = 3；

第四步：max、min 和第四个数 21 做比较。

如果第四个数大于 max，说明 max 应为第四个数，否则不变；

如果第四个数小于 min，说明 min 应为第四个数，否则不变；

21 和 max、min(21,3) 比较：max = 21，min = 3；

第五步：max、min 和第五个数 4 做比较。

如果第五个数大于 max，说明 max 应为第五个数，否则不变；

如果第五个数小于 min，说明 min 应为第五个数，否则不变；

4 和 max、min(21,3) 比较：max = 21　min = 3；

第六步：输出结果 max = 21　min = 3。

源代码：

```
main()
{
int x1,x2,x3,x4,x5,min,max;
printf("Number1:\n");/*　第一步　*/
scanf("%d",&x1);
max = min = x1;
printf("Number 2:\n");/*　第二步　*/
```

```
scanf("%d",&x2);
if(x2>max)
{max=x2;}
if(x2<min)
{min=x2;}
printf("Number 3:\n");  /*第三步*/
scanf("%d",&x3);
if(x3>max)
{max=x3;}
if(x3<min)
{min=x3;}
printf("Number 4:\n");  /*第四步*/
scanf("%d",&x4);
if(x4>max)
{max=x4;}
if(x4<min)
{min=x4;}
printf("Number 5:\n");  /*第五步*/
scanf("%d",&x5);
if(x5>max)
{max=x5;}
if(x5<min)
{min=x5;}
printf("Max=%d\tMin=%d", max, min);  /*第六步*/
getch();
}
```

## 四、循环结构

### 1. 循环结构简介

循环即重复，循环结构就是让计算机重复执行一段代码。

在 C 语言中，循环结构主要有三种基本形式：while、do-while、for。

### 2. while 循环

基本形式：

```
while （exp）
{
…
op
…
}
```

执行逻辑：

运算 exp，若值为真则执行 op，否则退出循环。

应用方法：

需要设置一个计数器，控制循环结束。

实例：

```
i = 0;  - - - - - - - - - - - - - - - -计数器初始化
while （i < 10）  - - - - - - - - - -循环条件 i < 10
{
printf ("i = % d\n", i);  - - - - -     循环代码体，输出 i 的值
i + +;  - - - - - - - - - - - - - - - -计数器自加，相当于 i = i + 1
}
```

执行过程：

i = 0 判定条件 i < 10 为真，执行循环代码：输出 i，i 自加变为 1

i = 1 判定条件 i < 10 为真，执行循环代码：输出 i，i 自加变为 2

i = 2 判定条件 i < 10 为真，执行循环代码：输出 i，i 自加变为 3

…

i = 9 判定条件 i < 10 为真，执行循环代码：输出 i，i 自加变为 10

i = 10 判定条件 i < 10 为假，退出循环。

实例 1：while 循环理解

```
main （）
{
int i;
i = 0;
while （i < 10）
{
printf ("i = % d\n", i);
i + +;
```

```
}
}
```

实例 2：用 while 循环改写 5 数中找最大值和最小值

```
main ()
{
int x, min, max, i;
printf ("Number1：\n")；/* 第一步 */
scanf ("%d", &x)；
max = min = x；
i = 2；
while (i < = 5)
{
printf ("Number %d：\n", i)；/*第二步  第三步  第四步  第五步 */
scanf ("%d", &x)；
if (x > max)
{max = x；}
if (x < min)
{min = x；}
i + +；
}
printf ("Max = %d\tMin = %d", max, min)；/* 第六步 */
getch ()；
}
```

### 3. do – while 循环

基本形式：

```
do
{
…op…
} while (exp)；
```

执行逻辑：

执行一次循环代码 op，判定 exp，若为真，则接着循环，否则退出循环。

应用方法：

需要设置一个计数器，控制循环结束。

与 while 循环的区别：

```
x = 1;                              x = 1;
while （x < 1）                       do
{                                   {
printf （"x = % d", x);                printf （"x = % d", x);
}                                   } while （x < 1）;
```

不会输出 x = 1                    会输出 x = 1

先判定后执行                      先执行后判定

实例 1：do – while 与 while 的区别

```
main （）
{
int x;
x = 1;
printf （"The result of while：\n"）;
while （x < 1）
{
printf （"x = % d", x);
}
printf （"The result of do – while：\n"）;
do
{
printf （"x = % d", x);
} while （x < 1）;
getch （）;
}
```

实例 2：用 do – while 循环改写 5 数中找最大值和最小值

```
main （）
{
int x, min, max, i;
printf （"Number1：\n"）; / * 第一步 * /
scanf （"% d", &x);
max = min = x;
i = 2;
```

```
do
{
printf（"Number %d：\n", i); ／*第二步  第三步  第四步  第五步*／
scanf（"%d", &x);
if（x > max）
{max = x;}
if（x < min）
{min = x;}
i++;
}
while（i < = 5）;
printf（"Max = %d\tMin = %d", max, min); ／*第六步*／
getch（）;
}
```

### 4. for 循环

基本形式：

```
for（exp1; exp2; exp3）
      { …op… }
```

执行逻辑：

exp1：计数器初始化；exp2：循环判定条件；exp3：计数器自加。

先执行 exp1，接着判定 exp2，若为真，则执行循环体，并执行 exp3 使计数器加 1，否则退出循环。

应用方法：

需要设置一个计数器，控制循环结束。

实例：

```
int i;                                    int i;

for（i = 0; i < 5; i++） ←—简化—— while（i < 5）
{                                          {
printf（"i = %d", i)               printf（"i = %d", i)
}                                          i++;
                                           }
```

实例 1：for 循环理解

```
main（）
```

```
{
int i;
for (i = 0; i < 10; i ++)
{
printf ("i = % d\n", i);
}
getch ();
}
```

实例 2：用 for 循环改写 5 数中找最大值和最小值

```
main ()
{
int x, min, max, i;
printf ("Number1：\n"); /＊ 第一步 ＊/
scanf ("% d", &x);
max = min = x;
for (i = 2; i < =5; i ++)
{
printf ("Number % d：\n", i); /＊第二步　第三步　第四步　第五步＊/
scanf ("% d", &x);
if (x > max)
{max = x;}
if (x < min)
{min = x;}
}
printf ("Max = % d\tMin = % d", max, min); /＊第六步＊/
getch ();
}
```

# 第五节 数 组

## 一、数组

### 1. 数组的概念

数组是一种组合的数据类型，是一组同类型数据组成的序列。

例如：1，2，9，8，7 这 5 个数构成一个整型数组。

3.4，7.0，8.2，9.1 这 4 个数构成一个实型数组。

a'，b'，c'，d'，o'，这 5 个字符构成一个字符数组。

1，3.4，'a' 因为元素类型不同，不能构成数组。

同一数组中的所有元素必须属于同一种数据类型。

### 2. 使用数组的必要性

把具有同一性质或同一用途的数据组合在一起，以便引用。

例如，要求输入 10 名学生的学号，如果不使用数组，只能定义 10 个变量：$x1$、$x2$、$\cdots x10$；如果使用数组，则只需定义一个字符数组 stuNo［9］，stuNo［0］＝stu_ 1，stuNo［1］＝stu_ 2$\cdots$stuNo［i］。

## 二、一维数组的定义及引用

当数据中每个元素都只带有一个下标时，我们称这样的数组为一维数组。一维数组是由数字组成的以单纯的排序结构排列的结构单一的数组。

### 1. 声明

int a［9］；－－－－－－－定义 int 型数组，可有元素 10 个 ；

float a［9］；－－－－－－定义 float 型数组，可有元素 10 个；

char a［9］；－－－－－－定义字符数组，可有元素 10 个。

### 2. 相关术语

数组类型：和元素的数据类型是一致的。

长度：指元素总数。

下标：放在 ［ ］ 里的整数，表示第几个元素。

维度：数组的维数。

### 3. 数组元素的引用

格式：x＝a［i］。

规则：下标 i 的值是从 0 开始的，即 a［0］、a［1］、a［2］、…a［8］。

**4. 数组元素的赋值**

格式：a［i］＝x；

规则：应确保 x 的类型和数组 a 的类型一致。

**5. 数组元素的初始化**

格式：在声明时同时进行 int a［4］＝{9, 98, 7, 6}。

在声明后分别赋值：int a［4］；a［0］＝9；a［1］＝98；a［2］＝7；a
［3］＝6。

实例 1：数组的简单使用

```
main ()
{
int a [5] = {1, 2, 3, 4, 5};
int b [3];
b [0] =9;
b [1] =8;
b [2] =7;
printf ("a [0] =%d\t", a [0]);
printf ("a [1] =%d\t", a [1]);
printf ("a [2] =%d\t", a [2]);
printf ("a [3] =%d\t", a [3]);
printf ("a [4] =%d\n", a [4]);
printf ("b [0] =%d\t", b [0]);
printf ("b [1] =%d\t", b [1]);
printf ("b [2] =%d\n", b [2]);
getch ();
}
```

实例 2：对 5 – 1 的改进

```
main ()
{
int a [5] = {1, 2, 3, 4, 5};
int b [3];
int count;
b [0] =9;
```

```
b [1] =8;
b [2] =7;
for（count =0；count <5；count ++）
{
printf（"a [%d] =%d\n"，count，a [count]）；
}
for（count =0；count <3；count ++）
{
printf（"b [%d] =%d\t"，count，b [count]）；
}
getch（）；
}
```

## 三、字符数组的使用

### 1. C 语言中对字符串的处理

在 C 语言中只有字符型变量（Char），一个字符变量只能存一个字符，不能存字符串；但 C 语言中没有设专门的字符串型变量（String），故处理字符串只能使用字符数组。

理解：

字符变量：char ch；ch = 'a'；（正确，只能存单个字符）

ch ="a dog"；（错误，不能存字符串）

那如何把"a dog" 赋给一个变量，进行运算？

其他语言的处理：string ch；ch = "a dog"

C 语言的处理：char ch [5]；ch [0] = 'a'；ch [1] = ' '；ch [2] = 'd'；ch [3] = 'o'；ch [4] = 'g'。

### 2. 字符数组的使用

（1）声明：char ch [10]。

（2）初始化：在声明时同时进行初始化

char ch [10] = { 'a'，' '，'d'，'o'，'g'}；

char ch [] = {"a dog"}

（3）输入：接收键盘输入的字符串，方法有以下两种。

方法1：char ch [10]；

　　　　scanf("%s"，ch)；以空格作为终结符，故输入的字串不能含空格。

方法2：char ch［10］；

　　　　gets（ch）；输入的字串可以含有空格；

输入时常用 gets（），不用 scanf（）。

（4）输出：将字符串输出到屏幕上，方法有以下两种。

方法1：printf（"%s"，ch）。

方法2：puts（ch）。

实例1：字符数组的使用

```
main（）
{
char ch1［10］ = {"a dog!"}；
char ch2［10］；
ch2［0］ = 'a'；
ch2［1］ = ' '；
ch2［2］ = 'd'；
ch2［3］ = 'o'；
ch2［4］ = 'g'；
ch2［5］ = '!'；
printf（"%s\n"，ch1）；
printf（"%c"，ch2［0］）；
printf（"%c"，ch2，［1］）；
printf（"%c"，ch2［2］）；
printf（"%c"，ch2［3］）；
printf（"%c"，ch2［4］）；
printf（"%c"，ch2［5］）；
getch（）；
}
```

实例2：字符串的输入与输出

```
main（）
{
char ch1［10］；/*定义数组 ch1*/
char ch2［10］；/*定义数组 ch2*/
printf（"Please input a string：\n"）；/*输入提示*/
gets（ch1）；/*方法一输入*/
```

```
printf ("Please input another string：\n")；/* 输入提示 */
scanf ("%s", ch2)；/* 方法二输入 */
printf ("First string：\t")；/* 输出提示 */
puts (ch1)；/* 方法一输出 */
printf ("Second string：\t")；/* 输出提示 */
printf ("%s", ch2)；/* 方法二输出 */
getch ()；
}
```

### 四、二维数组的使用

#### 1. 二维数组简介

二维数组可以看作是一维数组的嵌套，例如，arr ［0］、arr ［1］、arr ［2］是一个一维数组，如果每个元素存储的不是一个数值或字符，而是另一个数组，则构成二维数组 arr ［0］ = 20。

#### 2. 二维数组的使用

（1）声明：int arr ［3］［4］；
     float arr ［3］［4］；
     char arr ［3］［4］。

（2）初始化：声明的同时进行初始化。
     int arr ［3］［4］ = { {0, 1, 2, 3}, {0, 1, 2, 3}, {0, 1, 2, 3}}；
     int arr ［3］［4］ = {0, 1, 2, 3, 0, 1, 2, 3, 0, 1, 2, 3}。

（3）赋值：arr ［i］［j］ = x。

（4）引用：x = arr ［i］［j］。

# 第六节　函　数

## 一、函数简介

### 1. 函数的定义

与数学中的函数不同，C 语言中的函数是"功能"的意思，function，就是一段具有某种功能的程序代码。

**2. 使用函数的原因**

（1）函数的使用是结构化程序设计的要求。

（2）使用函数可以提高代码重用性。

**3. C 语言中函数的分类**

C 语言中的函数可分为系统函数和用户自定义函数两类。

（1）系统函数：系统定义，程序设计中直接调用即可，如 printf（）、scanf（）就是两个重要的系统输入、输出函数。

（2）用户自定义函数：需要用户自行书写函数执行代码，然后再调用。用户自定义函数使用时有两种形式：无参函数和有参函数。

## 二、无参函数的使用

**1. 无参函数的定义**

无参函数是指运行时不需要给函数传递参数，这类函数主要是用来完成某项操作的。

**2. 声明**

```
int fun1 （）                         返回值类型 函数名 （）
｛                                      ｛
      …op…                                …op…
｝                                      ｝
```

规则：

（1）函数体代码 op 可以包含多条语句，与普通语句无差别。

（2）函数声明不能放在 main（）函数中，只能放在 main（）前或后。

（3）返回值类型是指函数返回执行结果的数据类型，如果函数没有返回值，声明时可省略返回值类型，或声明为 void。

**3. 调用**

main（）函数中任意位置处执行：fun1（）。

实例 1：无参函数的使用

```
main （）
｛
PrintPoint （）;
PrintPoint （）;
printf （"C Programing! \n"）;
```

```
PrintPoint ( );
getch ( );
}
PrintPoint ( )
{
  printf ( "........................... \n" );
  printf ( "........................... \n" );
}
```

## 三、有参函数的使用

### 1. 有参函数的定义

有参函数是指运行时需要传递参数的函数，传递给函数的参数称为输入参数，函数执行后，结果的输出称为函数输出。

### 2. 声明

```
int fun1 （int a, int b…）        返回值类型 函数名（数据类型 变量……）
{                              {
    …op…                          …op…
}                              }
```

### 3. 函数的参数 int a, int b…

声明时，应指明函数参数的数据类型，以供调用。

参数个数可以有多个，多种数据类型，也可以只有 1 个，1 种数据类型。

函数代码体中应对参数进行处理。

### 4. 函数的返回值

函数执行后，如果需要返回结果，则声明时需指明返回值类型；如果不需要返回值，可以省略或声明为 void。

### 5. 函数的调用

位置：main （ ） 中任意位置调用。

格式：fun1 （x, y…）。

规则：

（1）调用时传给函数的参数可以是变量，也可以是常量。

（2）传递的参数的数据类型、参数的位置、参数的个数必须与函数声明时的格式一一对应。

# 第七节 算法设计范例

## 一、百马百担问题

### 1. 问题描述

100 匹马驮 100 担货，大马驮 3 担，中马驮 2 担，2 匹小马驮 1 担，问需要多少匹马？

### 2. 算法设计 1

设大马数量为 big，中马数量为 middle，小马数量为 small，则由题意可知：

马的总数：big ＋ middle ＋ small ＝ 100；

货的总数：3big ＋ 2middle ＋ small/2 ＝ 100。

可用穷举法筛选出可能的值：

big ＝ 1　middle ＝ 1　small ＝？
　　　　　middle ＝ 2　small ＝？

…

big ＝ 2　middle ＝ 1　small ＝？
　　　　　middle ＝ 2　small ＝？

…

x ＝ 100

### 3. 程序设计 Horse_ 1

```
main（）
{
int big, middle, small, HorseNum, ComNum;
for（big ＝ 0；big ＜ ＝ 100；big ＋＋）
{
for（middle ＝ 0；middle ＜ ＝ 100；middle ＋＋）
    {
for（small ＝ 0；small ＜ ＝ 100；small ＋＋）
        {
        HorseNum ＝ big ＋ middle ＋ small；
```

```
            ComNum = 3 * big + 2 * middle + small/2;
            if （HorseNum = = 100 && ComNum = = 100）
                {
            printf （"big = % d, middle = % d, small = % d \ n", big, middle,
            small）;
                }
        }
            }
        }
    getch （）;
}
```

## 4. 算法设计 2（改进 1）

设大马数量为 big，中马数量为 middle，小马数量为 small，则由题意可知：

马的总数：$big + middle + small = 100$；

货的总数：$3big + 2middle + small/2 = 100$。

对变量的约束：

$0 < = big < = 33$，$0 < = middle < = 50$，$0 < = small < = 100 \; small\%2 = = 0$。

## 5. 程序设计 Horse_ 2

```
main （）
{
int big, middle, small, HorseNum, ComNum;
for （big = 0; big < = 33; big + +）
{
for （middle = 0; middle < = 50; middle + +）
    {
        for （small = 0; small < = 100; small + +, small + +）
        {
            HorseNum = big + middle + small;
            ComNum = 3 * big + 2 * middle + small/2;
            if （HorseNum = = 100 && ComNum = = 100）
                {
            printf （"big = % d, middle = % d, small = % d\n", big, middle,
            small）;
```

```
                    }
                }
            }
        }
    getch ( );
}
```

## 6. 算法设计 Horse_ 3（改进算法 2）

设大马数量为 big，中马数量为 middle，小马数量为 small，则由题意可知：

马的总数：big + middle + small = 100；

货的总数：3big + 2middle + small/2 = 100。

对变量的约束：

0 < = big < = 33、0 < = middle < = 50、0 < = small < = 100 small%2 = = 0。

对 small 的再约束：

0 < = small < = 100 − big − middle。

## 7. 程序设计 Horse_ 3

```
main ( )
{
int big, middle, small, HorseNum, ComNum;
for ( big = 0; big < = 33; big + + )
{
for ( middle = 0; middle < = 50; middle + + )
    {
        for ( small = 0; small < = 100 − big − middle; small + + , small + + )
        {
                HorseNum = big + middle + small;
            ComNum = 3 ∗ big + 2 ∗ middle + small/2;
            if ( HorseNum = = 100 && ComNum = = 100)
            {
                printf ( "big = % d, middle = % d, small = % d \ n", big,
                middle, small);
            }
        }
    }
}
```

167

```
    }
    getch ( );
}
```

## 二、猴子吃桃问题

### 1. 问题描述

一小猴摘桃若干，第一天吃一半，不过瘾，再吃一个，第二天吃剩下的一半，又多吃一个，以后每天都吃前天剩下的一半，再多吃一个，到第 10 天发现还有 1 个桃，问小猴摘了多少个桃?

### 2. 算法设计

设小猴摘桃 x 个，则有：

| | 总数 | 吃 | 剩下 |
|---|---|---|---|
| 第一天 | x | $0.5 * x + 1$ | $x - (0.5 * x + 1)$ |
| 第二天 | $x - (0.5 * x + 1)$ | $0.5 * (x - (0.5 * x + 1)) + 1$ | $x - (0.5 * (x - (0.5 * x + 1)) + 1)$ |
| 第三天 | $x - (0.5 * (x - (0.5 * x + 1)) + 1)$ | ... | |
| ...... | | | |
| 第十天 | 1 | | |
| ...... | | | |
| 第十天 | 1 | | |
| 第九天 | 4 | $2 + 1 = 3$ | 1 |
| 第八天 | 10 | $5 + 1 = 6$ | 4 |
| ...... | | | |
| 第 i – 1 天 | x | 今天 | |
| 第 i 天 | $2 * (x + 1)$ | 昨天 | |
| ...... | | | |

$y = x - (0.5 * x + 1) = 0.5x - 1$

$x = 2 * (y + 1)$

### 3. 程序设计 p_ 1

```
main ( )
{
int day;   /* 天数 */
int yesterdayNum, todayNum;
todayNum = 1;   /* 第 10 天有 1 个桃 */
for (day = 9; day > = 1; day − −)
{
```

```
yesterdayNum = 2 * (todayNum + 1);  /* 求上一天的桃子数 */
todayNum = yesterdayNum;  /* 上推一天，第九天 */
}
printf ("todayNum = % d\n", todayNum);
getch ();
}
```

## 三、斐波那契（Fibonaci）数列的求解

### 1. 问题描述
有数列 1，1，2，3，5，8，13…求第 100 个数的值。

### 2. 算法设计
数列的规律：

i：   1  2  3  4  5  6  7         …

ai：  1  1  2  3  5  8  13        …

ai = ai − 1 + ai − 2；i > = 3

a3 = a2 + a1 = 1 + 1 = 2

a4 = a3 + a2 = 2 + 1 = 3

…

### 3. 程序设计 fabinoci

```
main ()
{
double fabi [100];
int i;
fabi [0] = 1;
fabi [1] = 1;
for (i = 2; i < 100; i + +)
{
fabi [i] = fabi [i − 1] + fabi [i − 2];
}
for (i = 0; i < 100; i + +)
{
printf ("% f. 0\t", fabi [i]);
if (i % 5 = = 0)
```

```
        {
            printf（"\n"）;
        }
    }
getch（）;
}
```

# 第八节　章末检测

## 一、填空题（每空1分，共10分）

1. C语言中的基本数据类型主要有：＿＿＿＿＿＿＿＿、＿＿＿＿＿＿＿＿、
＿＿＿＿＿＿＿＿、＿＿＿＿＿＿＿＿。

2. C语言中的运算符主要有：＿＿＿＿＿＿、＿＿＿＿＿＿、＿＿＿＿＿＿、位运
算符、＿＿＿＿＿＿、条件运算符、逗号运算符、指针运算符等13种。

3. C语言中的三种基本控制结构是：顺序结构、＿＿＿＿＿＿和＿＿＿＿＿＿。

## 二、选择题（每题2分，共20分）

1. 能将高级语言编写的源程序转换为目标程序的是（　　）。

    A. 链接程序　　　　B. 解释程序　　　　C. 编译程序　　　　D. 编辑程序

2. 以下符合C语言语法的实型常量是（　　）。

    A. 1. 2E0. 5　　　　B. 3. 14. 159E　　　　C. 5E－3　　　　D. E15

3. 以下4个选项中，不能看作一条语句的是（　　）。

    A. {;}　　　　　　　　　　　　　B. a＝0，b＝0，c＝0

    C. if（a＞0）　　　　　　　　　　D. if（b＝＝0）m＝1；n＝2

4. 以下4个用户定义的标识符中，不合法的一个是（　　）。

    A. 0_num　　　　B. num　　　　C. max_num　　　　D. max_num2

5. 以下叙述中正确的是（　　）。

A. C语言的源程序不必通过编译就可以直接运行

B. C语言中的每条可执行语句最终都将被转换成二进制的机器指令

C. C源程序经编译形成的二进制代码可以直接运行

D. C 语言中的函数不可以单独进行编译

6. 表示换行的转义字符是（　　　）。

    A. \ b　　　　　　B. \t　　　　　　C. \ f　　　　　　D. \n

7. 下列运算符中不属于算术运算符的是（　　　）。

    A. +　　　　　　　B. /　　　　　　　C. &&　　　　　　D. %

8. 已知 a = 1，b = 3，c = 2，下列表达式值为 1 的是（　　　）。

    A. a > b　　　　　　B. b < c　　　　　　C. a > c　　　　　　D. b > c

9. 有以下程序

```
    main ( )
      ｛   int x = 102, y = 12;
printf（ "%d,%d\n", x, y）;
      ｝
```

    执行后输出结果是（　　　）。

    A. 10，01　　　　　B. 002，12　　　　　C. 102，12　　　　　D. 02，10

10. 已知字符 A 的 ACSII 码值为 65，以下语句的输出结果是（　　　）。

```
        char ch = ' A';
printf（ "%c, %d\n", ch, ch）;
```

    A. A，65　　　　　B. A，A　　　　　C. 65，A　　　　　D. 65，65

# 三、简答题（每题 10 分，共 40 分）

1. 简述程序设计语言的发展。

2. 简述字符常量和字符串常量的区别。

3. 什么是函数？

4. 什么是数组？数组的特点是什么？

## 四、程序设计题（每题 15 分，共 30 分）

1. 编写一个程序，由键盘输入任意两个实数，计算平均值后输出。

2. 编写一个程序，实现从五个数中取出最大数及最小数的功能。

### ◆ 参 考 答 案 ◆

一、填空题

1. 整型　实型　字符型　枚举型

2. 算术运算符　关系运算符　逻辑运算符　赋值运算符

3. 选择结构　循环结构

二、选择题

1. C　2. C　3. D　4. A　5. B　6. D　7. C　8. D　9. C　10. A

三、简答题

1. 简述程序设计语言的发展。

答：程序设计语言的发展大致经历了四次升级换代：①机器语言：机器语言是唯一能被计算机直接理解和执行的语言；②汇编语言：与机器语言相似，加入了一些助记符，源程序经翻译后才能执行；③面向过程的语言：克服了低级语言受硬件限制的特点，程序设计主要关注组织数据和设计算法两个部分；④面向对象的程序设计语言：这是一种结构模拟的方法，把现实世界看成是由许多对象组成，对象间通过消息进行联系，每个对象都是一个数据和方法的封装体——抽象数据类型，是当代程序设计的主体。

2. 简述字符常量和字符串常量的区别。

答：字符常量是一个字符，用单引号括起来。字符串常量是由 0 个或若干个字符组合而成，而用双引号把它们括起来，存储时自动在字符串最后加一个结束符号'＼0'；

一个字符常量可以赋给一个字符变量，但不能把一个字符串赋给一个字符变量。

3. 什么是函数？

答：函数就是完成特定功能的一段小程序，具有功能单一、结构清晰、接口简单的特点。利用函数，可以实现模块化程序设计。一个较大的程序通常划分为若干个程序模块，每个模块实现一个特定的功能。在 C 语言中，模块功能就由函数来完成。另外，可将一些常用的功能模块编写成函数，放在函数库中供公共选用，可提高代码复用率。

4. 什么是数组？数组的特点是什么？

答：数组是有序数据的集合。数组中的每一个元素都属于同一个数据类型。用一个统一的数组名和下标来唯一地确定数组中的元素。

四、程序设计题（每题 15 分，共 30 分）

1. 编写一个程序，由键盘输入任意两个实数，计算平均值后输出。

```
#include ＜stdio. h＞
Main ()
{
    float x, y, a;
    scanf ("%f,%f", &x, &y);
    a = (x+y) /2;
    printf ("The average is:%f", a)
}
```

2. 编写一个程序，实现从五个数中取出最大数及最小数的功能。

```
Main ()
{
    Double n, max, min;
Printf ("Enter 5 real numbers: \n");
Scanf ("%lf", &n);
Max = n;
Min = n;
While (scnaf ("%lf", &n)! = EOF)
{
```

```
    If （n > max） max = n;
    If （n < min） min = n;
  }
  Printf （" \n max = % lf, main = % lf", max, min);
  }
```

# 附　　录

## "双电源"的制作

设计者：史志毅　黄子珊　刘航宇　詹皓麟　刘　雯　郭静雯

指导老师：刘　震

### 一、实物图（见图1）

图1　实物图

### 二、作品功能介绍

该电源由三端可调稳压集成电路 LM317、LM337 为核心构成，其能输出正负可调稳压介于 1.2V ~ 9.8V 的电压，继电器及可控硅 MCR100 - 8 的组合具有限流保护功能。以下是该电源的功能介绍。

其中，只取正电输出部分分析，负电输出部分与正电输出部分原理是相同的，所以不必重复介绍。

（1）可调稳压功能。首先让电流经过电桥整流，输出正负电压。我们利用 LM317 和 LM337 集成电路的稳压可调功能，根据电路分析原理，可以输出基电电压 $1.2 \times (1 + R8/R4)$ 的可调电压。大电容 $C_1$、$C_3$ 与小电容 $C_2$、$C_4$ 分别通低频和高频电流，起到整流作用，$R8$ 与 $R8^1$ 为线绕电位器，可精确调整输出电压的大小。

（2）芯片保护功能。$Q_2$ 是为避免 RP 触点接触不良时，导致输出电压、电流高于设定电压而烧坏设置的。一般情况下 $Q_2$（8050）截止，一旦 RP 触点开路，则 $Q_2$ 通过 RP 提供的偏置电压而导通，使调整端电压下降，从而使输出电压变低，起到保护 LM317 与 LM337 芯片的功能。散热器加大了芯片的散热功能，也起到了保护作用，满足芯片能够长时间持续工作的需求。

（3）主干线电路限流保护功能。$R_7$、$R_1$、$Q_3$ 及 $K_2$ 组成电流范围检测电路，当负载电流在电阻 $R_7$ 上产生的电压降达到 $0.3V$ 时，$Q_3$（9015）导通，使 $Q_1$ 可控硅触发导通（MCR100 - 8 具有高触发率，反应灵敏的特点，其触发电流 $90\mu A$），$K_2$ 吸合，输出被切断，DS3 熄灭，DS2 变亮，指示此时为过流限制状态。按动 $K_1$ 即可恢复正常输出状态，可控硅 $Q_1$（MCR100 - 8）基极的电容 $C_0$ 起抗干扰作用，可减少可控硅的误触发。

DS3 除作为工作状态指示灯外，还是该电源空载时的负载，使输出电压在有负载与空载时相差不大。

（4）其他电阻元件，起支路限流作用从而保护电器元件。

此电路，我们采用 DXP 设计，原理参考了电路分析和模电等书籍，可以大胆放心使用。

使用 Protel 99SE 软件设计和制作电路板印刷图，如图 2 所示。

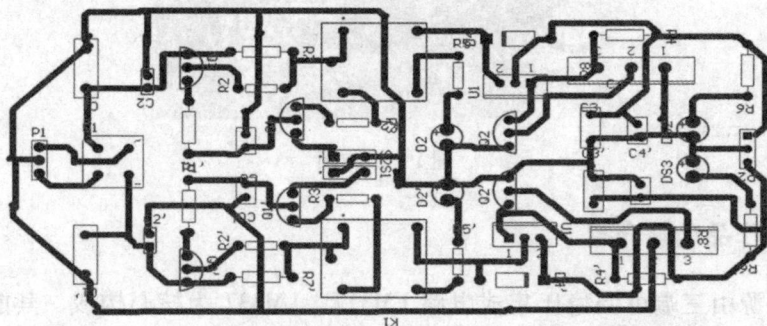

图 2　印刷图

# 基于衍射散射法对空气颗粒度的测量

设计者：谭济乾　刘洁宁　钟东涛　郑立琛（2015 届毕业学生）

完成者：杨彩娟　黄培峰　卡　玲　郭趐伦

指导老师：刘　震

## 作品内容简介

　　基于衍射散射法的原理对实验进行设计，得出空气颗粒分布与浓度。选用硅光电池作为光电转换器感应光强，利用差分放大电路放大电信号，再利用A/D信号采集及数据收发系统，把信号送进计算机，由 C 语言编程制作的"空气颗粒度测量系统"处理数据并显示颗粒物的浓度、粒径和光强分布图像。利用平均近似法对硅光电池进行改进，使其接收到的信号为一个像元的光强。根据时钟特性制作了"角度微调仪"，突破光电探测器尺寸的限制，以测量空间不同散射角的光强。装置外观为密封性较好的箱子，内部结构和元件可直观展示，整套装置的光学器件均可调，操作性和展示性强。抽放气装置对尾气的处理体现了保护环境的思想。

## 一、研究背景

　　在自然界、工业生产、科学研究、国防建设、环保以及日常生活等各个方面，充满了各种各样的颗粒。所谓的颗粒就是指细小的分散物体。颗粒的存在形式具有多样性，总的来说，包括固态颗粒、液态颗粒和气态颗粒三种。它们或分散在液体介质中或分散在气体介质中形成两相物质。例如，大气层中的灰尘与雾滴、雨滴、冰晶、雪花、河流中的泥沙、工业排放中的烟尘等。

　　随着生产力的提高、科技的发展、社会文明的进步，人们对颗粒的研究已经深入到石油、化工、医药、冶金、环保等诸多领域。颗粒粒度的大小和分布控制着许多产品的使用性能，在工程技术领域、工业和生活环境中都占有十分重要的地位。例如，在能源及燃烧工程技术领域里，液体燃料雾化质量的优劣，直接影响燃烧性能；在两相流问题中，液滴或固体颗粒在气流中的移动速度是一个非常重要的参数，而它又与颗粒的尺寸密切相关；在涉及多相流的动力工程中，如火力发电厂煤粉的粒度大小对燃烧起着直接的影响作用；在各种涂料中的颜料颗粒，其粒度以及形状对于涂料的着色力、遮盖力、成膜能力以及稳定性等性能影响很大；混凝土的凝结时间和机械性能与水泥粒度有密切的关系；牙膏中二氧化硅颗粒的大小影响着牙膏的洁齿作用；录音带上磁性颗粒粒度影响着录音质量；照相底板上卤化银粉末的大小决定了其解象的能力；制陶粉末的粒度直径决定了成品工艺的质量；药粉的粒度直接影响其疗效等。为了保护环境，控制工业污染物的排放，我们需要了解污染物的粒度大小及浓度等。

颗粒物已经成为我国的首要大气污染物，颗粒物污染的来源复杂、危害较大。大气污染通常指由于人类活动和自然过程引起某些物质介入大气中，达到了足够的浓度，持续了足够的时间，并因此危害了人体的舒适、健康或危害了环境。在人类的发展史上，随着煤炭的大量使用，使工业革命成为可能的同时，也对大气环境造成极为严重的污染。第二次世界大战以来，石油制品得到了广泛利用和迅速发展，然而石油制品燃烧产生的尾气所造成的大气污染也已成为当前突出的问题。人类在自身发展的过程中所造成的大气污染不但危害人类健康，而且还将对整个地球的生态环境、地球生物的多样性及气候等各方面构成严重的威胁和影响。

国家环保局在《国家环境保护"十五"计划》中指出：保护环境是我国的一项基本国策。今后五到十年，是我国经济和社会发展的重要时期，是进行经济结构战略性调整和改革开放的重要时期，也是减轻环境污染和遏制生态恶化趋势的重要时期。

经过多年坚持不懈的努力，全国环境状况正在由环境质量总体恶化、局部好转向环境污染加剧趋势得到基本控制，部分城市和地区环境质量有所改善转变，但是，环境形势仍然相当严峻。全国污染物排放总量还很大，污染程度仍处在相当高的水平，一些地区的环境质量仍在恶化。生态恶化加剧的趋势尚未得到有效遏制，部分地区生态破坏的程度还在加剧。环境污染和生态破坏在一些地区已成为危害人类健康、制约经济发展和社会稳定的一个重要因素。

环境与污染源监测仪器及自动监测系统既是环境信息的源头，又是环境质量评价、环境监控及环境科学管理的手段。为了对环境质量和生态环境进行实时准确地监测，并对污染源及其治理进行监督检测，我国迫切需要大量的现代化环境监测分析仪器，特别是优质的自动监测分析系统和污染源在线连续监测系统，其中工业粉尘、烟尘在线监测系统是一个重要组成部分。目前我国正在建设和完善国家环境监测网络，主要建设重点污染源在线自动监测系统，环境污染应急监测系统等；同时开展对环境信息和综合决策技术、污染源排放总量自动监测技术、环境质量监测和预报预警技术等环境高新技术和污染防治技术的攻关。

因此开发研究新的污染排放自动监测系统有很重要的科学意义和应用前景。

由此可见，对颗粒的尺寸、分布及其他特性进行测量十分必要，这已经发展成为一个专门的研究领域和现代测量学中的一个重要分支，对于发展国民经济和增进人民健康有着重要的意义。

本文通过对颗粒粒径及浓度的测量，围绕激光与颗粒的相互作用，研究激光与颗粒相互作用的机理与规律，设计并搭建实验平台，通过实验来确定颗粒的粒径分布和浓度等参数，并尝试将该实验方法应用于环境质量监测和预报预警技术等环境高新技术和污染防治技术的攻关。

## 二、衍射散射法的原理

当单色平面波入射到球形颗粒时，在入射光前方一个小角度范围内（散射半角 $\theta < 7°$）的颗粒散射光中，由于颗粒对光的折射、反射的影响可以忽略，而衍射光占主导地位，所以颗粒的散射光就可以用颗粒的夫朗和费衍射来近似，实验证明这一近似是十分成功的。由于采用了衍射近似，被测介质的相对折射率和偏振态的影响可以忽略，使测量仪器和数据处理都大为简化。

我们的测量装置是对颗粒群进行测量，这涉及光的"相关散射"和"不相关散射""单散射"和"复散射"的问题。当光为不相关散射时，大量无规则杂乱分布的小颗粒散射的综合效果可以认为是各个颗粒散射光强的叠加，即光强与浓度存在线性关系。为了保证发生不相关散射，颗粒之间的距离必须大于颗粒直径的三倍，以避免相关散射造成测量的复杂性，介质中的颗粒浓度应不大于表 1 给出的数值（见表 1）。

表 1　满足不相关散射的颗粒粒径、浓度对应表

| 颗粒直径（μm） | 0.1 | 1.0 | 10.0 | 100.0 | 1000.0 |
|---|---|---|---|---|---|
| 浓度（1mg/m³） | $10^{13}$ | $10^{10}$ | $10^{7}$ | $10^{4}$ | 10 |

通过表 1 可以看出，生活中所遇到的大多数实际问题都可以作为不相关散射来处理。例如，即使是非常浓的雾，它也是由直径为大约 1mm 的水滴组成，在 1cm³ 中大约存在一个水滴，颗粒之间距离大约是直径的 10 倍，可看作不相关散射。

单散射是指每一个散射颗粒都暴露于原始入射光线中，对原始的入射光进行散射。对于不相关的单散射，由 $N$ 个颗粒作为散射中心的集合体的散射强度是单个颗粒散射强度的 $N$ 倍。但对于复散射，散射光强与散射颗粒数的简单正比关系不复存在，我们可以利用介质的光学厚度 $T$ 来作为判别是否满足单散射的依据。实验证明当光学厚度 $T < 0.1$ 时，单散射占绝对优势；当 $T > 0.3$ 时，复散射起主要作用；而当 $0.1 < T < 0.3$ 时，必须对单散射规律进行适当修正。

经以上分析可知，为了保证散射是不相关的单散射，对介质中颗粒的浓度和光线通过介质的光学厚度必须适当加以控制。这是进行系统方案设计时应该重视的问题，否则可能会带来较大的系统误差。

### 三、实验装置的设计

由于硅光电池对光反应比较灵敏，进行测量时应尽量避免受到自然光或其他人工光源的影响，因此，我们将实验装置的外观设计为一个由顶盖和前侧面组成"连体活门"的箱子（见图3），密封性非常好，也方便对内部的光学器件进行调节。内部结构和所有元件均可直观展示（见图4），整套装置的光学器件由木板或木块进行固定，并通过螺丝与支撑杆进行连接，可通过旋转螺丝对光路进行调整。由于当实验装置按照光路采用"直线式"放置时，整个装置的长度较大，且不易搬动，导致调节的难度增加，因此我们利用两个平面镜把光路设计为"U形"，两个平面镜均采用双螺丝固定，在水平面上可以360°转动，还可以前后移动，方便对光路进行调整和对中。整个实验装置的操作性和展示性都较强。

图3 实验装置外观

图4 实验装置内部结构

### 1. 光电转换器的选择

根据上述光衍射散射原理，首先可以确定，当一束光经过所测空气时，由于空气中存在颗粒，光的均匀性被破坏，使光束发生散射，而当颗粒物的粒径远大于激光波长时（一般大于 $2\mu m$），可以认为光通过颗粒物后发生了近似衍射现象，此时我们采用衍射近似原理进行处理。由于不同的颗粒物浓度及粒径对应的散射光光强不同，因此可以通过光电转换器将散射光光强信号转化为电信号。

光电转换器的选择是一个值得讨论的问题，一般用于实验演示的光电转换器件有：光敏二极管、光敏电阻、硅光电池、还有更高级的 CCD（电荷耦合元件）。光敏二极管与光敏电阻相对于硅光电池和 CCD 来说，采光效果不好，灵敏度也相对较差，要准确测出颗粒的空间分布及粒径分布有一定的难度。而对比 CCD 与硅光电池，虽然 CCD 的灵敏度比硅光电池高，并且通过采集像元得到颗粒的分布可能更直观，但是，由于 CCD 对光过于灵敏，很容易达到光饱和，即使加入遮光片之类削减光强度的器件也难以避免，必须具备高精度的相关实验仪器才能加以运用，可操作性不高，并且 CCD 相对于硅光电池来说，价格更为昂贵，性价比不如硅光电池。相比较而言，硅光电池具有光电转换效率高、性能稳定、使用寿命长、光谱范围宽、采光效果好、频率响应好的特点，并且我们在此可以对硅光电池进行改进，使其可以上下移动，通过在竖直方向上移动硅光电池的位置，使其具有类似 CCD 的上下扫描功能，从而可以得出空气颗粒的粒径分布和体积浓度。

综上所述，在本实验中，我们选择的光电转换器为改进后的硅光电池。

### 2. 放大电路的设计

在本实验中硅光电池用于采集散射光，由于散射光较为微弱，因而通过光电转换后的电信号也十分微弱，因此，需设计一个高增益、低噪声、高输入阻抗的放大电路将电信号放大，为此，我们采用以高精度集成运放 op07 为主干，设计一个增益在 50～100 可调的放大电路。此时又有一个新的问题出现，由于空气颗粒检测涉及的数据处理相当复杂，且为浮点数运算，这对于主处理器 89C52 来说，理论上不可行，造成的误差也会较大。经过分析和讨论，我们决定把由硅光电池光电转换后得到的电信号送入计算机，通过 C 语言编程进行数据处理。

### 3. 空气颗粒度测量系统

我们利用基于 89C52 的 A/D 信号采集系统及数据收发系统，将模拟信号转换为数字信号，把信号送进计算机，通过基于 Shifrin 积分反演编程设计的 Visual C++ 界面，将单片机发送的数据进行处理，并由"空气颗粒度测量系统显示界面"（见图 5）显示颗粒物的浓度、粒径及光强分布图像，进而对得到的数据及图像进行分析。

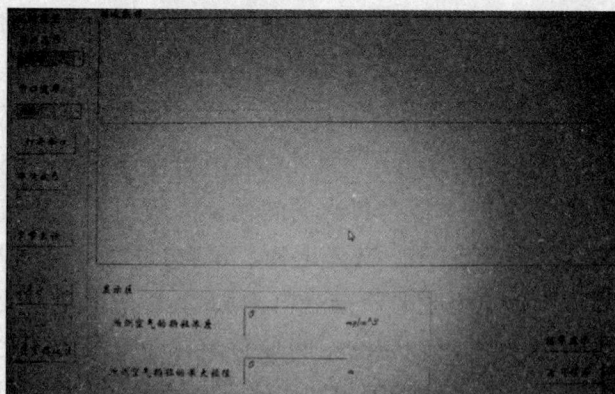

图5 空气颗粒度测量系统显示界面

## 4. 系统方案流程与检测过程

系统方案流程如图6所示。

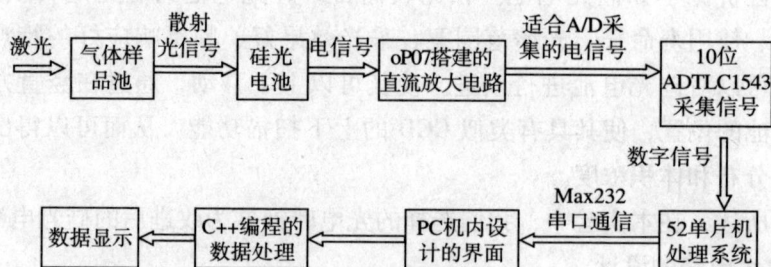

图6 系统方案流程图

样品检测可通过如图7所示体物理装置实现。

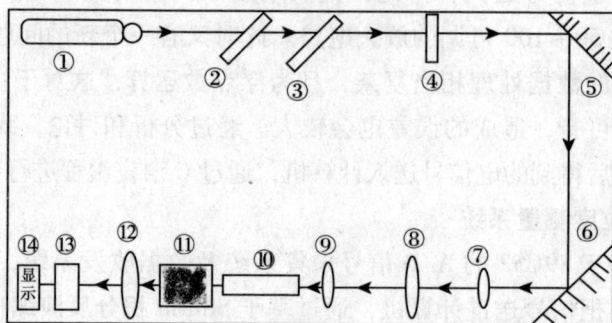

图7 样品检测装置图

①-氦氖激光；②③-半透半反镜；④-线偏振片；⑤⑥-可调平面镜；⑦⑨-⑫凸透
镜；⑧-光阑；⑩-平行光管；⑪-样品空间；⑬-硅光电池；⑭-计算机界面显示

　　具体过程：激光发射器发射激光①经过半透半反镜②、③后光强衰减为氦氖激光原光强的四分之一，避免硅光电池达到光强饱和。透射光通过线偏振片④后形成了线偏振光，同时杂光被过滤。可调平面镜⑥的作用是改变光路的方向，通过调节可以使光通过凸透镜⑦的光心。短焦距凸透镜⑦和长焦距凸透镜⑨的左右焦点重合，组成了一个扩束准直镜，光阑⑧位于凸透镜⑦、⑨的焦点重合处，可以除去经过凸透镜⑦的入射光的杂散部分，由于非平行光无法聚焦于焦点处，因此小孔光阑还可以挡掉非平行光通过透镜后形成的杂散光。经扩束准直镜后，出射光通过一个小直径的平行光管⑩，使从平行光管出射后的柱状光束直径与平行光管直径相同。平行光管的出射光通过样本空间⑪后由大凸透镜⑫将光汇聚于其焦平面上，硅光电池⑬则置于该焦平面上（可通过自制的"角度微调仪"使硅光电池在竖直方向上移动，但都保持在该焦平面上）。硅光电池将接收到的光信号转换为电信号，经过差分放大器后，电信号被放大，再利用 A/D 信号采集系统及数据收发系统，将模拟信号转换为数字信号，把数字信号送进计算机，通过 Visual C＋＋界面处理数据并显示颗粒物的浓度、粒径及光强分布图像，进而对得到的数据和图像进行分析，并得出相关结论。

**5. 硅光电池的改进和近似法处理**

　　硅光电池接收到的信号强弱，不仅与接收到的光的光强有关，还与接收面积有关。硅光电池面积较大，接收光的强度不均匀，因此如何将接收到的信号转化某散射角的光强成为一个难题。在本实验中我们采用饱和度较高的硅光电池，以避免硅光电池达到光饱和。

　　我们对硅光电池进行了改进（见图8）：把硅光电池的大部分面积用黑色的厚纸片盖住，只在其中央露出大约1mm的缝隙用来感应光强。接着，我们再平均近似处理接收到的光强，将接收到的信号除以缝隙的面积，作为缝隙的中间像点的光强的信号大小，从而得到像点的光强。

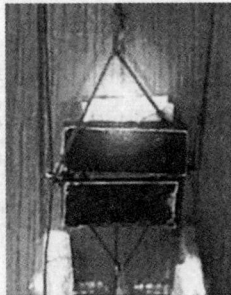

图 8　改进后的硅光电池

### 6. 角度微调仪

一般情况下，硅光电池用于空间固定位置的测量，在对 CCD 研究的过程中，我们对硅光电池进行了改进，设计制作了"角度微调仪"，使硅光电池具有可以在竖直方向上下移动的功能，突破了光电传感器尺寸大小对空间范围测量的限制，打破用硅光电池测量空间散射光对应的散射角的常规。具体设计思路及工作原理如下所述。

（1）设计思路

如图 9 所示，角度微调仪是一个由时钟改造而成的实验装置，其设计思路是：利用与分针相连的小齿轮转动带动与时针相连的大齿轮转动，实现角度微调的目的。我们用细线绕在大齿轮的转轴上，通过设计连线的路径，将绕过大齿轮上端的细线连接在硅光电池的上端，绕过大齿轮下端的细线与硅光电池下端连接，并用橡皮筋连接硅光电池与底部的固定图钉（使硅光电池具有"复位"功能），从而实现转动小齿轮时，大齿轮随之发生微小转动的功能。当逆时针转动分针时，细线拉动硅光电池在竖直平面向上移动，而当顺时针转动分针时，橡皮筋拉动硅光电池向下移动，从而实现测量空间不同位置衍射光对应的光强不同的目的。

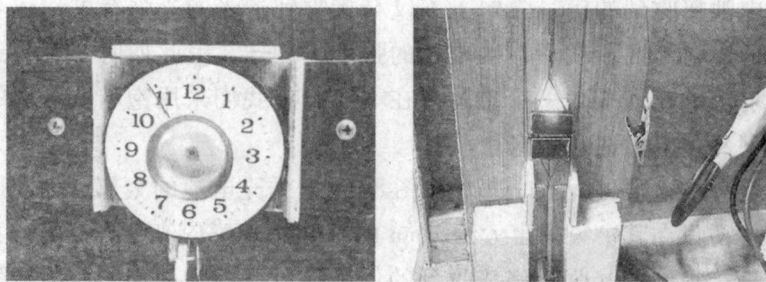

**图9　角度微调仪实物图**

（2）工作原理

实验选用的大凸透镜的焦距为 15cm，硅光电池位于大凸透镜的焦平面上，故硅光电池所在平面与凸透镜所在平面间距为 15cm。通过测量得出，角度微调仪的分针转动一圈时，硅光电池在竖直平面向上或向下移动 0.05cm，通过计算，可以得出角度微调仪的分针每转动一圈，硅光电池测量的角度变化 0.19°，在实验过程中，我们采用每转动分针一圈（每转动 0.19°），就通过空气颗粒度测量系统显示界面读取一个数据的方式实现了角度微调的目的。

### 7. 抽放气装置

如图 10 所示，我们采用抽气泵进行抽气，通过装置上的流量计控制待测气体的流量，用软胶管连接待测气体的进气口与样品池的进气口，同样，用软胶管连接样品池的出气口与装置中的洗气瓶。该洗气瓶的作用是通过瓶里的水处理从样品池出来的尾气，从而减少待测气体所带来的空气污染以及对整个测量环境的影响。采用对样品气体进行"动态测量"是为了避免气体颗粒堆积在样品池的表面，从而对测量结果造成影响。

样品池置于由有机玻璃制作而成的封闭气室中，封闭气室的主要作用是使测量环境相对稳定，尽量减少实验所受到的外界干扰和影响。另外，我们在封闭气室上还另外设置了进气口和出气口，可以对其充入较为纯净的空气，从而使测量数据更为准确。

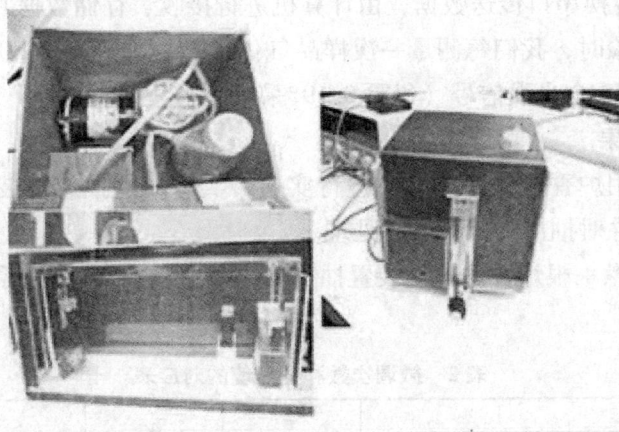

图 10  抽放气装置实物图

### 四、可行性分析

（1）本实验装置是根据光衍射散射理论而理想化设计的，在实际操作上难免存在一定的误差，例如，粒子间存在复散射等，但对于一般的测量，该误差是在允许范围内的。

（2）散射光是比较微弱的，通过硅光电池光电转换产生的电信号也是比较微弱的，因此在信号处理的时候难免会带来一些误差。

（3）由于本装置用于正式测量时，还需要经过仪器校正，可能还要用到标准的空气采样器进行定标。

（4）我们的装置是基于所查阅的论文以及所掌握的理论知识自己设计的，装置所要求的器件几乎是现成的，仅有个别器件需要在现有器件的基础上稍加改动，而软件及硬件的设计也是符合理论的。

（5）本装置的设计注重人性化，所制作的光具座等器件均采用螺丝固定，操作方便且均为可调，可作为辅助教学的教具，提高学生的动手能力。

### 五、系统测试结果和误差分析

由于整个实验装置的光学器件均采用螺丝固定，通过旋转螺丝可以调节各光学器件，使经过图7中⑦、⑧、⑨、⑩元件组成的准直扩充平行光管的激光能够准直出射。接着，我们将装满待测气体的样品池放在平行光管前，关闭箱子门，使箱子密封不透光。我们通过旋转"角度微调仪"，使硅光电池在竖直平面上下移动，检测不同空间衍射角对应的光信号，通过 A/D 转换器，再由 MAX232 电平转换串口传送数据，由计算机进行接收、存储数据并对数据进行分析和处理。实验时，我们每测量一次样品气体颗粒，就采集了 50 个连续的空间衍射角对应的 50 个光强信号（每隔 0.19°采集一个数据）。

### 1. 测试结果

本实验采用炉香燃烧后的气体进行实验，实验通过抽放气装置将待测气体抽进样品池，并对抽出的尾气进行处理。

（1）只点燃一根炉香，抽气装置抽气后，"空气颗粒度测量系统"得到的数据如表2所示。

表 2　微调次数和电压值的对应表

| 微调次数 | 1 | 2 | 3 | 4 | 5 | 6 |
|---|---|---|---|---|---|---|
| 电压 V | 2.574 | 2.574 | 2.282 | 1.967 | 1.495 | 0.523 |
| 微调次数 | 7 | 8 | 9 | 10 | 11 | 12 |
| 电压 V | 0.191 | 0.159 | 0.139 | 0.119 | 0.115 | 0.115 |

我们总共读取了 50 个数据，但从微调次数第 12 次开始，电压值就保持不变，经分析可知，此时的电压值已经属于"零漂"，所以从第 12 次开始的测量数据就没有记录下来。

"空气颗粒度测量系统"显示颗粒物的浓度，粒径及光强分布如图 11 所示，燃烧一根炉香得到的实验数据如表 3 所示。

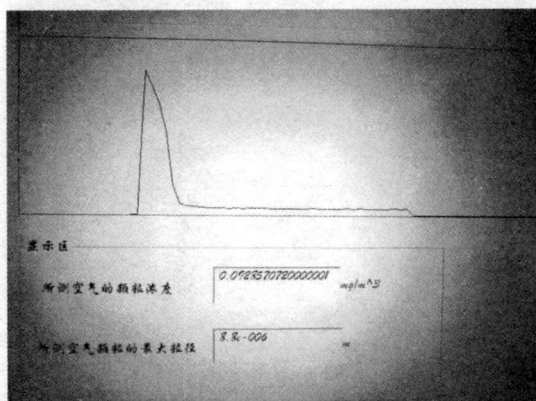

**图 11　一根炉香时的系统显示界面**

**表 3　燃烧一根炉香得到的实验数据**

| 测试量（单位） | 实验数据 |
|---|---|
| 浓度（mg/m³） | 0.0928 |
| 粒径（μm） | 8.8 |

（2）点燃两根炉香，抽气装置抽气后，"空气颗粒度测量系统"得到的数据如表 4 所示。

**表 4　微调次数和电压值的对应表**

| 微调次数 | 1 | 2 | 3 | 4 | 5 | 6 |
|---|---|---|---|---|---|---|
| 电压 V | 2.182 | 2.158 | 2.146 | 2.13 | 2.114 | 2.054 |
| 微调次数 | 7 | 8 | 9 | 10 | 11 | 12 |
| 电压 V | 1.195 | 0.211 | 0.171 | 0.139 | 0.127 | 0.123 |

我们同样是读取了 50 个数据，但从微调次数第 12 次开始，电压值就保持不变，经分析可知，此时的电压值已经属于"零漂"，所以从第 12 次开始的测量数据就没有记录下来。

"空气颗粒度测量系统"显示颗粒物的浓度，粒径及光强分布如图 12 所示，燃烧两根炉香得到的实验数据如表 5 所示。

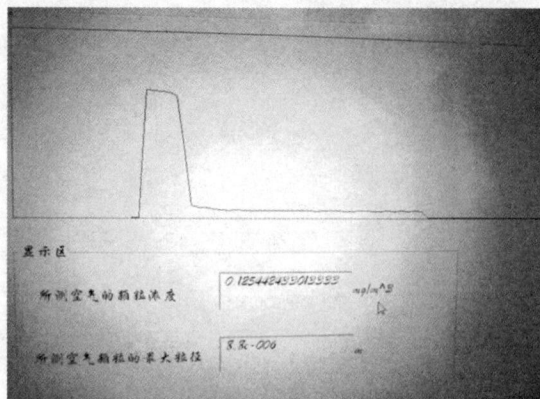

**图 12 两根炉香时的系统显示界面**

**表 5 燃烧两根炉香得到的实验数据**

| 测试量（单位） | 实验数据 |
|---|---|
| 浓度（mg/m³） | 0.125 |
| 粒径（μm） | 8.8 |

对比表 3 与表 5 的数据，我们不难发现，随着燃烧炉香数量的增加，实验测得的气体浓度也随之增加，而由于实验样品只选择炉香一种，两次实验所测得的颗粒粒径值不变，这也是符合常理的。通过对比图 11 与图 12，我们可以发现，两次实验的光强分布图有所不同，燃烧一根炉香时光强分布曲线的斜率要大于燃烧两根炉香时曲线的斜率，这表明随着样品气体浓度的增加，曲线斜率变小，光强的空间分布变化较"缓慢"。由于当样品气体的浓度增加时，光强的空间分布变化相对较低浓度时是较"缓慢"的，所以曲线斜率变小，曲线"波宽"变大，是符合散射光空间分布随颗粒浓度变化的实际情况的。

**2. 误差分析**

通过以上分析，我们可以知道，实验测得的数据及图像是比较可靠的，但系统的误差还是存在的。系统存在的误差主要来自以下几个方面：

（1）样品池是采用普通玻璃制作而成，测量时发现其对光的发散有一定的影响；

（2）我们装置仪器的光学元件构造不够精密，如聚光透镜无法将全部平行光都聚集在其焦平面上，造成光的发散。

（3）硅光电池反应不够灵敏、电信号的采集和传输中掺杂一些干扰信号等。由于没有标准的粉尘发生装置和标准的空气颗粒测量仪器，我们无法进行定标和误差计算，也无法对仪器进行校准。

（4）由于静电吸附作用或其他的原因而导致颗粒在测量感应区域聚合或导致样品池被污染，给浓度测量带来一定的误差。

（5）光电接收器件（硅光电池）也会受到粉尘颗粒的污染，将导致其接收到错误的光强信号，因此测量系统给出的测量结果会产生一定的偏差，对系统的工作状态做出错误的判断。

## 参考文献

［1］赵延军.光散射型颗粒浓度在线监测方法及 CEM 系统研究［D］.南京：东南大学，2004.

［2］王自亮，赵恩标，吕银庄等.粉尘浓度光散射测量影响因素的分析［J］.煤炭学报，2007.

［3］陈刚.光散射法测量颗粒尺寸和浓度的实验研究［D］.西安：西安工业大学，2007.

［4］Barth H G. *Modem Methods of Particle Size Analysis*［M］.New York：John Wiley and Sons，Inc，1984.

［5］Alain L Fymat. *Analytical inversion in remote sensing of particle size distribution*［J］.The Journal of Light Scattering，1978（11）.

［6］刘子超，赵云惠.液雾及颗粒的激光测量原理［M］.北京：北京宇航出版社，1988.

［7］B Scarier. 25 *Years of Particle Size Conferences*，*Partitas Size Analyfis*［M］.New York：Plenum Press，1991.

［8］国家环境保护总局.国家环境保护"十五"计划［S］.北京：中国环境科学出版社，2001.

［9］国家环境保护总局.国家环境保护"十二五"规划［S］.北京：中国环境科学出版社，2012.

［10］宋爱琴.硅光电池特性的研究［J］.实验室科学，2011，14（2）：102～104.

［11］孙振.光散射测粒技术在工业粉尘排放监测中的应用研究［D］.上海：上海理工大学，2001.

# 智能百叶窗控制系统

设计者：曾立举　陈恒顺　熊明翔　林　琳　范泽熊（2016 届学生）

完成者：廖楚君　刘　鑫　郭　桐　詹妍灵　潘昱深（2017 届学生）

指导老师：刘　震　沈新科

## 作品内容简介

百叶窗智能控制系统，是一种基于 ARM7 和节点数据采集技术，为了实现智能化家居控制和节能减排目的的智能家居类系统。此系统由核心处理模块、机械传动模块、远程控制模块、传感器四个部分组成。

该系统通过监测当前室内环境的光强、温、湿度等参数，判断并控制百叶窗的升降闭合以及所应张开的角度，在一定程度上能对室内环境进行调节，使室内环境保持舒适状态，合理地配合使用照明灯、空调等用电设备，最终达到节能减排的目的。

本系统具有多种控制模式，除了可以自动智能控制外，还支持手动现场控制，无线遥控控制和远程网络控制。多种控制模式相结合，控制家居，随心所欲。夏天，百叶片可以阻挡阳光照射，降低室内温度；冬天，调整百叶角度采光取暖，可以提高室内温度。

系统还设有火警自动排烟的功能，当监测到有火警情况发生时，自动远程报警并且将百叶窗打开进行排烟，保证室内通风并降低因吸入火灾烟雾导致的人员伤亡。

## 一、研制背景及意义

随着科学技术的进步，我国住宅产业化不断向前推进，智能家居系统在现代建筑中的应用也越来越广泛。智能家居系统把现代建筑、计算机技术以及建筑电气融为一体，让人们的工作和生活变得更加舒适、便捷。

目前，国内外对智能家居系统的应用非常普遍，但功能单一，价格昂贵，因此，对于该系统的开发具有实际性的意义。

智能家居系统是以住宅为平台，利用综合布线技术、网络通信技术、安全防范技术、自动控制技术、音视频技术将家居生活有关的设施集成，构建高效的住宅设施与家庭日程事务的管理系统。它能提升家居的安全性、便利性、舒适性以及艺术性，并可实现节能环保的目标。

在生活实际中，人们期望窗户的设计能够集采光、通风换气、观景等功能为一体，因此怎样节能、有效、智能地对窗户进行设计成了未来家居发展的一个难题。电动智能百叶窗可根据周围环境实现自动通风换气、遮光采光、控温防雨、消防排烟等功能，让家里环境随时保持舒适状态。电动智能百叶窗可以通过用户手动实现对百叶窗的控制，开窗关窗时，可以调行程，当窗户处于最低位置时，可以调节叶片角度。用户不仅可以使用本地开关来控制百叶窗，也可以通过网络远程控制，还可以使用无线遥控器在家中的任何地方轻松控制其打开和关闭。电动智能百叶窗集合了本地开关、网络开关、自动控制系统、无线感应遥控等多种控制方式于一体，让使用者能够随时随地轻松自如地控制窗帘。

智能百叶窗具有百叶升降，翻转180°功能，可以用交流电动机提升装置以及步进电动机调整装置实现对百叶窗的操作控制。智能百叶窗系统可实现百叶的升降、翻转，结构合理，操作简便，具有良好的遮阳性能，同时也改善了室内光环境。智能百叶窗系统的性能包括以下几点：

（1）节能性：夏天，百叶片可以阻挡阳光照射，降低室内温度；冬天，调整百叶角度采光取暖，可以提高室内温度。相比空调，百叶窗消耗的能源并不多。同时，根据室内光线的强弱，智能百叶窗能有效调整叶片角度以及室内照明的系统亮度，合理使用照明灯，达到节能的目的。

（2）环保性：百叶窗在生产和使用过程中均不产生污染物。

（3）调光：百叶窗可以随意调节百叶片的角度，达到自然采光、完全遮阳等作用，同时配合室内照明系统，可以让室内光照强度时刻保持在适宜的状态。

（4）控温：百叶窗可以根据室内外的温度情况，智能或手动调节叶片的角度，通过改变光照射量来改变室内温度，使居住环境保持在适宜的温度范围。

（5）防湿（水）：当百叶窗检测到室外的湿度高于室内湿度一定值时，将自动关闭百叶窗，防止雨水进入室内。

本设计以 ARM7 LPC2220 实验板、STC89C52 最小系统为核心，采用常用电子器件设计。主要的工作内容如下：

（1）用一台直流电动机控制百叶窗的升降，用一台步进电动机调整百叶窗叶片的角度。

（2）用光敏电阻传感器测量室内光强度、温度传感器测量室内外温度、湿度传感器监控室外雨水情况，并用 12864 液晶显示器显示测量结果。

（3）设置 7 个按键，用于对百叶窗系统的手动控制。

（4）主控模块实时监测室内外的温度、光强、湿度等状况，并能实现百叶窗系统的自动控制。

（5）建立上位机软件，与主控模块进行通信，实时显示百叶窗的现场状态，对百叶窗系统执行远程网络控制，并设置百叶窗系统的控制方式（现场手动、远程网络、智能自动、无线遥控）。

（6）配置无线遥控模块，用于对百叶窗系统的无线遥控控制。

## 二、系统设计方案

系统上电后默认为手动控制模式，检测到有按键按下则执行相应的操作；当上位机软件选择其他模式控制时，系统将转换为该模式进行控制。

系统功能如下：

① 根据用户的选择对百叶窗进行各种方式的控制（手动、无线、远程、自动）。

② 根据室内外的环境（温度、光强、湿度）自动进行调整，使室内的环境始终保持在适宜的状态。

该系统的总体硬件设计如图 13 所示。系统总体的硬件设计主要包括四个模块：

① 上位机、主控模块。

② 数据显示模块。

③ 百叶窗控制模块。

④ 数据采集模块。

各模块组合构成一个完整的智能百叶窗系统。

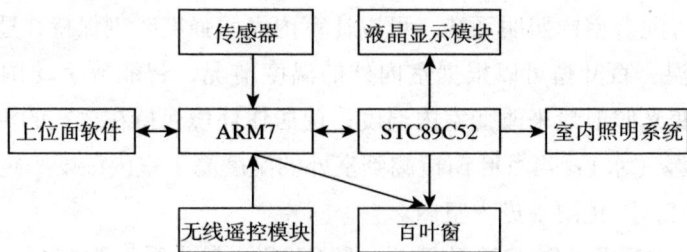

**图 13　系统总体硬件设计**

### 1. 百叶窗装置设计

百叶窗装置由固定框架和百叶窗构成，可进行窗体的上升、下降以及叶片角度的调整，如图 14 所示。

图 14　百叶窗装置

**2. 控制器**

控制器部分包括 LPC2220 ARM7 实验板以及 STC89C52RC 单片机最小系统。LPC2220 微控制器（见图 15）是基于一个支持实时仿真和嵌入跟踪的 16 位 ARM7TDMI – S CPU。

在本设计中，LPC2220 主要实现的功能是数据（按键检测、光敏电阻/湿度传感器采集的数据、上位机传来的指令）的接收、处理，以及控制交流电动机的运转。STC89C52 RC 单片机主要实现的功能是对温度数据的采集、数据的显示（12864）以及交流电动机的控制。

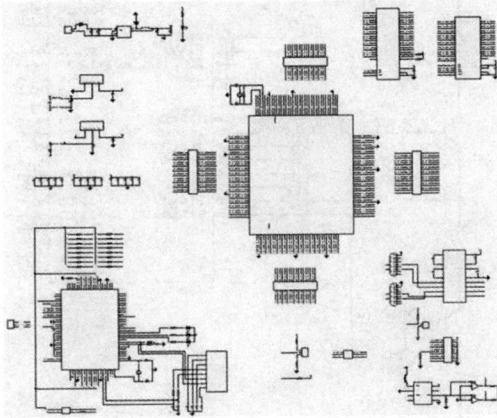

图 15　LPC2220 微控制器

**3. 数据采集**

（1）温度采集

DS18B20 温度传感器内部结构主要由四部分组成：64 位光刻 ROM、温度传感器、非挥发的温度报警触发器 TH 和 TL、配置寄存器。DS18B20 的引脚排列如图 16 所示。

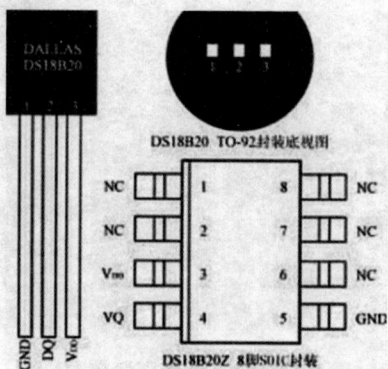

**图 16　DS18B20 温度传感器内部结构**

本设计运用两个 DS18B20 温度传感器模拟检测室内、室外的温度。采用 18B20 的温度检测电路如图 17 所示。在本设计中，DS18B20 温度传感器采集的温度数据发送给单片机处理，数据经处理后，单片机控制液晶显示器（12864）显示温度的数值。

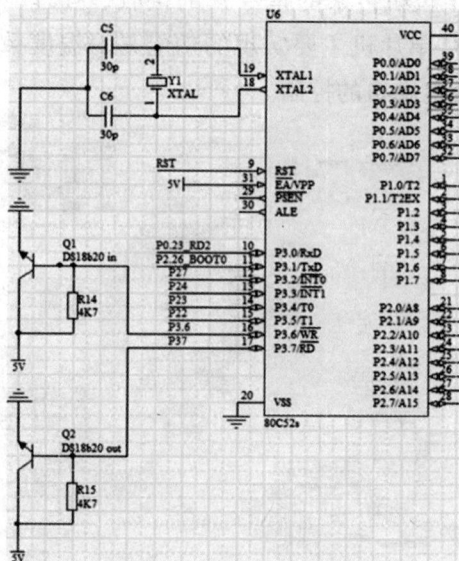

**图 17　温度检测电路**

（2）光强采集

光敏电阻器是利用半导体的光电效应制成的一种电阻值随入射光的强弱而改变的电阻器。入射光强，电阻减小；入射光弱，电阻增大。光敏电阻器一般用于光的测量、光的控制和光电转换（将光的变化转换为电的变化）。

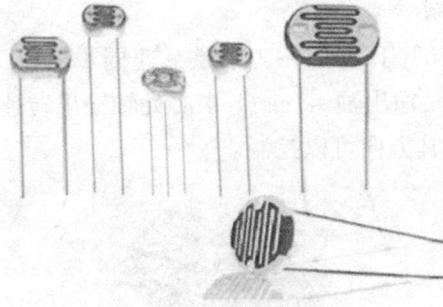

图 18　光敏电阻

（3）湿度采集

本设计湿度的采集采用 HR202 湿敏电阻。HR202 湿敏电阻是采用有机高分子材料的一种新型的湿度敏感元件，感湿范围宽，长期使用性能稳定，可以应用于仓储、车厢、居室内空气质量控制、楼宇自控、医疗、工业控制系统及科研领域等。

图 19　湿敏电阻

（4）数据显示

光强检测电路中，光敏电阻与电阻串联连接，同时将光敏电阻两端的电压值传至 LPC2220 的 A/D 转换单元接口，数据经处理后，即可确定当前的光照强度状态（强、中、弱），并通过液晶显示器（12864）显示。温度、光强、湿度传感器检测的结果送往单片机处理，数据经处理后，单片机发送指令把各项数据显示在液晶显示器上如图 20 所示。

图 20　12864 液晶显示器

### 4. 交流电动机控制

交流电动机采用 60TYD－375－2 永磁减速同步电机（见图 21）。电机外径为 60mm，高为 47mm，输出轴≤7mm，中心处轴输出转速 15r/min，输入功率为 11W，电压 220VAC。其方向可以控制。

**图 21　60TYD－375－2 交流电动机**

在本设计中，通过交流电动机的转动（正传、反转）控制百叶窗的上升与下降，交流电动机的正转、反转则通过继电器进行控制。电路设计如图 22 所示。

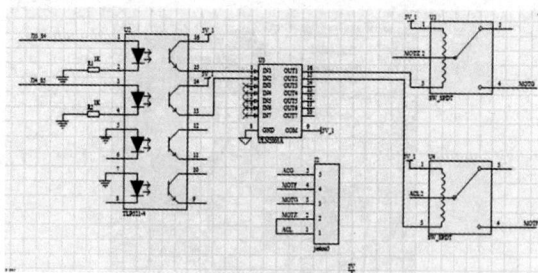

**图 22　交流电动机控制电路**

### 5. 步进电动机控制

步进电动机转动所需要的时序脉冲由单片机提供，驱动放大电路采用 ULN2003 芯片。步进电动机的转轴与百叶窗叶片的控制转轴相连，通过步进电动机的转动带动百叶窗叶片的翻转。电路设计如图 23 所示。

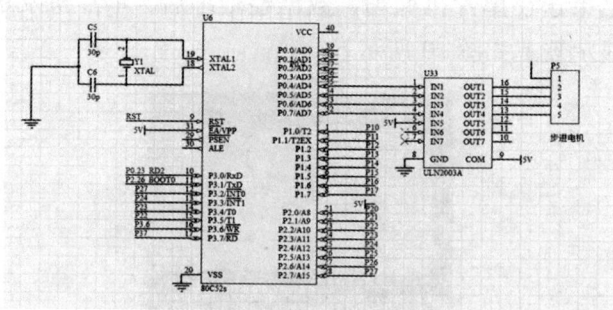

**图 23　步进电动机控制电路**

### 6. 室内灯光控制

室内灯光采用节能高亮度 LED 进行模拟。LED 是一种电流控制型的器件，通过调节电流的大小可以很方便地实现光强的调节。在本设计中，单片机向 TLC5615 发送不同的数字信号，改变提供给 LED 的电压，从而改变 LED 的亮度。

当系统处于自动控制模式时，随着室内光强的变化，系统自动调节百叶窗叶片的角度，同时，也对 LED 的亮度进行调整，使室内的光强始终保持在适宜的状态。电路设计如图 24 所示：

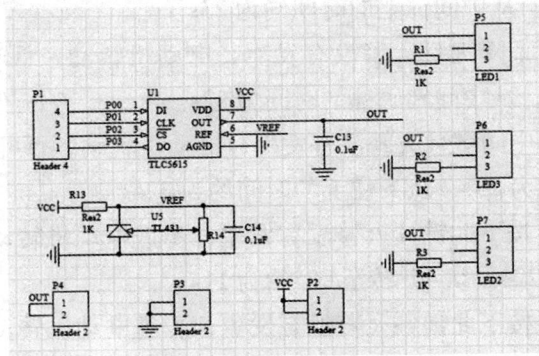

图 24    模拟室内灯光控制

## 三、软件设计

### 1. 上位机软件设计

在本系统中，上位机软件采用 C#语言编写。上位机软件与主控模块 ARM7 间通过网络进行通信。上位机软件具有火警报警，显示室内外温度、室内光强、室外湿度的状态以及选择百叶窗系统的控制模式的功能。同时，当控制模式为远程网络控制时，可以实时监控百叶窗的状态，并对窗体的上升与下降、叶片角度的调整进行控制，操作简单、方便快捷。软件界面如图 25 所示。

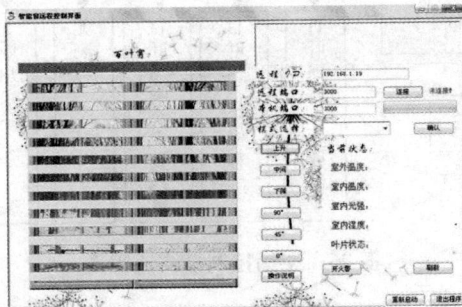

图 25    上位机软件界面

### 2. 百叶窗控制设计

智能百叶窗有四种控制模式可供选择，分别是：手动现场控制、无线遥控控制、系统自动控制和远程网络控制。

（1）手动现场控制

手动现场控制是通过按键控制百叶窗的开启、关闭以及调整叶片的角度。

按键说明：

上升：当按下上升键且火警没有发生，电动机转动，百叶窗上升，从下往上的时间约为 55s，从中间往上的时间约为 23s。

下降：当按下下降键且火警没有发生，电动机转动，百叶窗下降，从上往下的时间约为 55s，从中间到底部的时间为 32s。

中间：当按下中间键且火警没有发生，电动机转动，百叶窗到达中间状态，从上往下的时间约为 23s，从下往上的时间约为 32s。

开窗（90°）：按下此键且火警没有发生，步进电动机转动，百叶窗从 0° 转至 90°，时间约为 22s，从 45° 转至 90° 约为 11s。

开窗（45°）：按下此键且火警没有发生，步进电动机转动，百叶窗从 0° 转至 45°，时间约为 11s，从 45° 转至 0° 约为 11s。

关窗：按下此键且火警没有发生，步进电动机转动，百叶窗从 90° 转至 0°，时间约为 22s，从 45° 转至 0° 约为 11s。

火警：按下此键，触发火警，火灯亮，且百叶窗将上升至最顶端，之后解除火警。

使用流程如图 26 所示。

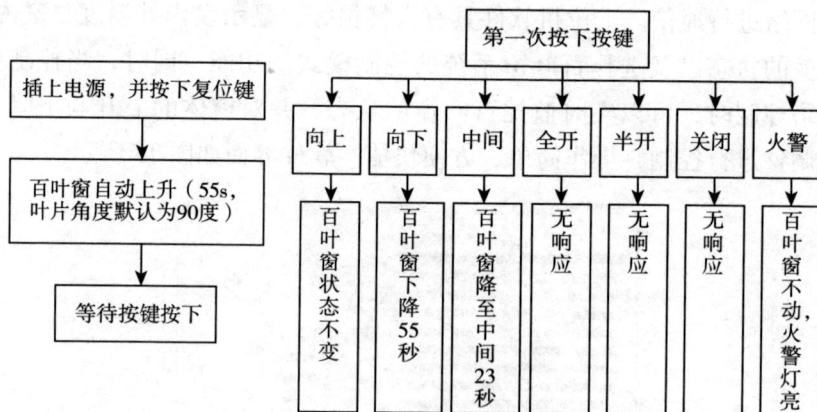

**图26　手动控制模式流程图**

（2）无线遥控控制

无线电遥控器（RF Remote Control）是利用无线电信号对远方的各种机构进

行控制的遥控设备。这些信号被远方的接收设备接收后，可以指令或驱动其他各种相应的机械或者电子设备去完成各种操作，如闭合电路、移动手柄、开动电动机，之后再由这些机械进行需要的操作。无线遥控控制具有控制简单、操作方便的特点。

本设计中，无线发射器采用四键遥控器，各按键的功能分别对应手动控制的 90°、0°、上升、下降按键的功能。

模块如图 27 所示。

**图 27　无线遥控器与接收模块**

无线遥控控制模块的输出与手动控制的对应按键并联，当系统的控制模式为手动现场控制或无线遥控控制时均为有效输出。它可以控制百叶窗上升与下降，全开与全关（叶片角度为 90° 与 0°）。

（3）系统自动控制

系统自动控制是指百叶窗系统根据采集的数据（室外湿度，室内外温度、室内光强）自动调整百叶窗的状态。

湿度：当检测到室外湿度较大时，百叶窗下降且调整叶片角度为 0°。此操作优先级第二，仅次于火警。

温度：

① 当检测到室内温度大于 40° 时触发火警。

② 当检测到室内温度介于 30℃ ~ 40℃ 之间时，开启空调且关闭百叶窗（百叶窗下降，叶片角度为 0°）。

③ 当检测到室内温度处于 22℃ ~ 30℃ 之间时，表示当前温度适中，百叶窗和空调无须做出改变，保持当前状态即可。

④ 当检测到室内温度小于 22℃ 时，关闭空调，打开百叶窗。

光强：根据检测到光强的不同分为强、中、弱三种状态。

① 当检测到光强处于"强"状态时，百叶窗下降，叶片角度调整为 0°。

② 当检测到光强处于"中"状态时，百叶窗下降，叶片角度调整为 45°。

③ 当检测到光强处于"弱"状态时，百叶窗下降，叶片角度调整为 90°。

（4）远程网络控制

远程网络控制是指上位机软件通过网络与主控模块通信实时监控并控制百

叶窗的状态。远程网络控制具有手动控制的所有功能，同时还可以选择百叶窗系统的控制模式。

上位机软件与主控模块间的通信指令如表6所示。

表6 远程控制指令表

| 远程控制指令 | 指令说明 | 返回指令 | 指令说明 |
|---|---|---|---|
| Q | 火警到了，火警灯亮，百叶窗上升 | Q | 无 |
| R | 熄灭火警灯 | R | 无 |
| A | 设置为自动控制方式 | A | 无 |
| B | 设置为远程控制方式 | B | 无 |
| C | 设置为现场手动方式 | C | 无 |
| D | 远程控制百叶窗上升 | D | 操作成功 |
| | | d | 操作失败 |
| E | 远程控制百叶窗中间 | E | 操作成功 |
| | | e | 操作失败 |
| F | 远程控制百叶窗下降 | F | 操作成功 |
| | | f | 操作失败 |
| V | 远程控制百叶窗全开 | V | 操作成功 |
| | | v | 操作失败 |
| U | 远程控制百叶窗半开 | U | 操作成功 |
| | | u | 操作失败 |
| I | 远程控制百叶窗关闭 | I | 操作成功 |
| | | i | 操作失败 |
| G | 读取光强状态 | H/K/N | 强 |
| | | I/L/O | 中 |
| | | J/M/P | 弱 |
| S | 读取湿度状态 | H | 很大 |
| | | L | 干燥 |
| O | 读取室外温度 | 无 | 读取成功返回实际温度值 |
| | | N | 读取失败 |
| T | 读取室内温度 | 无 | 读取成功返回实际温度值 |
| | | N | 读取失败 |

续 表

| 远程控制指令 | 指令说明 | 返回指令 | 指令说明 |
|---|---|---|---|
| Z | 读取当前百叶窗的控制状态 | A | 自动控制 |
| | | B | 远程控制 |
| | | C | 手动控制 |
| X | 读取当前百叶窗的开关和角度状态 | A | 全开状态 |
| | | B | 中间状态 |
| | | C | 全关且角度为90° |
| | | D | 全关且角度为45° |
| | | E | 全关且角度为0° |
| 说明 | 若要实现远程控制，必须先发送远程控制指令'B' | | |

远程网络控制流程如图 28 所示。

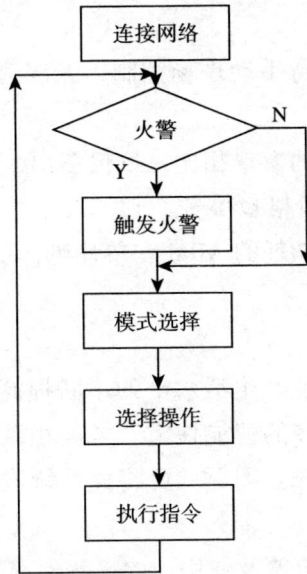

**图 28 远程网络控制流程图**

## 四、系统实现效果与分析

智能百叶窗控制系统整体效果如图 29 所示。该系统已是一个较为完善的窗控系统，可以实现调节室内的温度与光强的功能，使室内的温度、光强时刻处于适宜的状态。制作出的窗控系统已经实现了四种模式的控制方式。

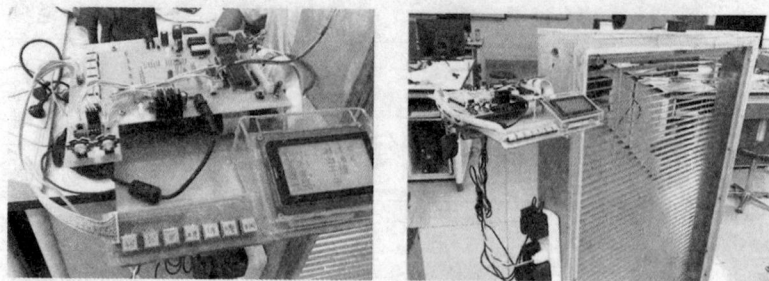

图29　整体效果图

## 五、创新特色

多种控制模式相结合，智能调光控温，在维持用户生活环境舒适的同时，更实现了节能减排的目标。同时，本设计成本低廉，适于广泛推广。

（1）智能控制。实现了自动采光遮光、控温防雨、通风换气、消防防烟等功能，既保证了家居的宜人环境，又有效减少了照明灯和空调等设备的使用，达到了节能减排的目的。

（2）多种控制模式。支持手动现场控制，无线遥控控制，系统自动控制和远程网络控制。

（3）性价比高。与普通的窗户相比，仅仅多出不到20%的价格，而它所带来的好处远远比这多出来的价格多得多。

（4）功耗低。使用了低功耗的ARM和单片机，功耗低，节能。

## 六、预计应用前景

（1）随着科技的飞速发展及生活水平的不断提高，人们对智能化家居生活的需求也逐渐增大。越来越多的智能住宅、智能小区应运而生，智能家居得到了众多开发商和消费者的青睐。因此，可将此系统嵌入于智能家居系统，用于智能家居市场。

（2）本设计成本低廉，可普及使用。如：普通家庭用户，企业用户、商场、商业区等。

### 参考文献

［1］周立功，张华．深入浅出 ARM7 – LPC2131x/214x（上册）［M］．北京：北京航空航天大学出版社，2005.

［2］周立功. ARM 嵌入式系统基础教程（第二版）［M］. 北京：北京航空
航天大学出版社，2008.

［3］周立功. ARM 嵌入式系统软件开发实例（二）［M］. 北京：北京航空
航天大学出版社，2006.

［4］Jean J. Labrosse. 嵌入式实时操作系统 μC/OS－2（第2版）［M］. 邵
贝贝等，译. 北京：北京航空航天大学出版社，2003.

［5］陈忠平，曹巧媛，曹琳琳等. 单片机原理及接口［M］. 北京：清华大
学出版社，2007.

［6］郭天翔. 51 单片机 C 语言教程：入门、提高、开发、拓展全攻略
［M］. 北京：电子工业出版社，2009.

［7］明日科技. Visual C#开发技术大全［M］. 北京：人民邮电出版
社，2007.

［8］Smacchia，P. C#和. NET 2.0 实战：平台、语言与框架［M］. 施凡等，
译. 北京：人民邮电出版社，2008.

［9］孔琳俊. 30 天学通 C#项目案例开发［M］. 北京：电子工业出版
社，2009.

［10］明日科技，王小科，吕双，等. C#范例完全自学手册［M］. 北京：
人民邮电出版社，2009.

# 基于机智云的宿舍物联网

设计者：欧阳宇锴　邱杰鑫　陈逸彬
指导老师：刘永涛　郑　欣

## 一、项目简介

通过实验，我们设计了一套基于机智云与物联网技术的宿舍智能物联网系统，连接宿舍的灯、门锁、插座等。出门忘记带钥匙或者钥匙丢失，没关灯就睡觉，洗衣机洗完衣服忘记断电……这些通过我们的物联网都可以解决。

## 二、设计原理

基于机智云的宿舍物联网的设计原理如图 30 所示。

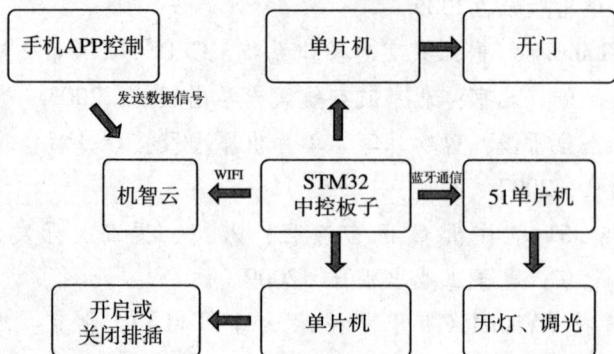

图30　设计原理图

### 1. 芯片部分

STM32（见图 31）代表 ARM Cortex – M 内核的 32 位微控制器，具有高性能、实时性强、低功耗、便于低电压操作等优点，同时还易于开发。

按内核架构分，有 STM32F103 增强型系列、STM32F101 基本型系列和 STM32F105、STM32F107 互联型系列。本作品使用的是 F103 增强型系列，时钟频率达到 72MHz，是同类产品中性能最高的产品，内置 Flash 为 512M 。基本型时钟频率为 36MHz。两个系列都内置 32K 到 128K 的闪存，不同的是 SRAM 的最大容量和外设接口的组合。当时钟频率 72MHz 时，从闪存执行代码，STM32 功耗 36mA，是 32 位市场上功耗最低的产品，相当于 0.5mA/MHz。

图31　STM32

如图 32 所示，这是 STC 公司的生产的一种低功耗、高性能 CMOS 8 位微控制器，STC89C52 使用经典的 MCS –51 内核，但是在其基础上做了很多改进，使得芯片具有传统 51 单片机不具备的功能。在单芯片上，拥有灵巧的 8 位 CPU 和在系统可编程 Flash，使得 STC89C52 为众多嵌入式控制应用系统提供高灵活、超有效的解决方案。

图 32　CMOS 8 位微控制器

## 2. 机械部分

（1）MG995 舵机

如图 33 所示，MG995 舵机用于打开宿舍门。舵机是一种位置（角度）伺服的驱动器，适用于那些需要角度不断变化并可以保持的控制系统。本系统采用扭矩较大的 MG995，扭力大，足以打开门。

图 33　MG995 舵机

（2）TELESKY

如图 34 所示，TELESKY 为 4 路继电器模块带光耦隔离，支持高低电平触发，常开接口最大负载：交流 250V/10A，直流 30V/10A；驱动能力强，性能稳定；触发电流 5mA，每一路都可以通过跳线设置高电平或低电平触发。

图 34　TELESKY

（3）Led 灯

Led 灯（见图 35）为 6V 电压，其特点为省电、高亮度。

图 35　Led 灯

### 3. 模块部分

（1）Hc－05

如图 36 所示，这是一款主从一体可以设置的蓝牙芯片，具有传统蓝牙技术的功能，模块的接口有串口、SPI 接口、USB 接口，在产品开发中我们选用了串口进行通信。

图 36　HC－05 蓝牙芯片

（2）ESP8266

该 WIFI 模块使用了 3.3V 的直流电源，体积小，功耗低，支持透传，丢包现象不严重，而且价格低廉。ESP8266 官方提供的 rom 主要有两个：一个是支持 at 命令修改参数的 at 系列 rom，使用此 rom 时，可以使用 at 命令来设置芯片的大部分参数，同时也可将芯片设置为透传模式，这样，ESP8266 就相当于在互联网和 UART 之间架起了一座桥梁。另一个就是物联网的 rom，此 rom 可以通过命令来控制 ESP 的部分 GPIO，而且 ESP8266 也可以采集一些温、湿度传感器的数据，然后发送到互联网。本作品即是将 ESP8266 刷入物联网的 rom 之后进行数据传输。

（3）L298N 模块

如图 37 所示，L298N 模块使用 ST 公司的 L298N 作为主驱动芯片，具有驱动能力强、发热量低、抗干扰能力强的特点。可以使用内置的 78M05 通过驱动电源部分取电工作，但是为了避免稳压芯片损坏，当使用大于 12V 驱动电压时，使用外置的 5V 逻辑供电。L298N 模块使用大容量滤波电容，续流保护二极管，可以提高可靠性。

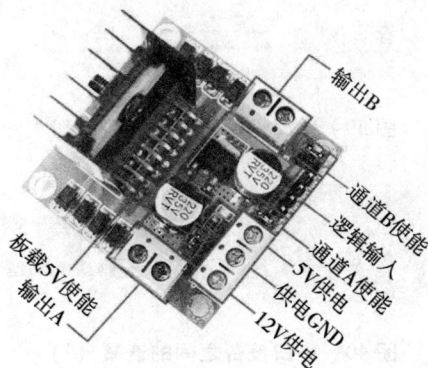

图 37　L298N 模块

（4）机智云平台

如图 38 所示，机智云平台是机智云物联网公司经过多年耕耘及对物联网行业的深刻理解而推出的面向个人、企业开发者的一站式智能硬件开发及云服务平台。平台提供了从定义产品、设备端开发调试、应用开发、产测、云端开发、运营管理、数据服务等覆盖智能硬件接入到运营管理全生命周期服务的能力。

机智云平台为开发者提供了自助式智能硬件开发工具与开放的云端服务。通过傻瓜化的自助工具、完善的 SDK 与 API 服务能力最大限度降低了物联网硬件开发的技术门槛，降低开发者的研发成本，提升开发者的产品投产速度，帮助开发者进行硬件智能化升级，更好地连接、服务最终消费者。

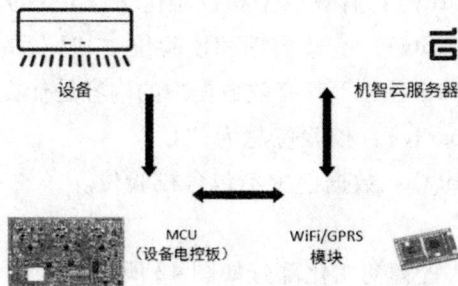

图 38　机智云平台

三、实现原理

1. 硬件部分

串口设备之间的连接如图 39、图 40 所示。

**图 39　串口设备之间的连接（1）**

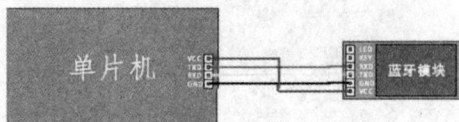

**图 40　串口设备之间的连接（2）**

串口数据包的基本组成如图 41 所示。

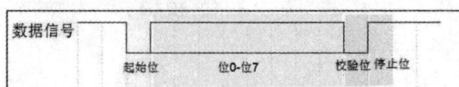

**图 41　串口数据包的组成**

起始位：由 1 个逻辑 0 的数据位表示。

结束位：由 0.5，1，1.5 或 2 个逻辑 1 的数据位表示。

有效数据：在起始位后紧接着的就是有效数据，有效数据的长度常被约定为 5，6，7 或 8 位长。

校验位：可选，目的是数据的抗干扰性。

校验方法分为以下几种：

① 奇校验（odd parity）：有效数据和校验位中 "1" 的个数为奇数。

② 偶校验（even parity）：有效数据和校验位中 "1" 的个数为偶数。

③ 0 校验（space parity）：不管有效数据中的内容是什么，校验位总为 " 0"。

④ 1 校验（mark parity）：校验位总为 "1"。

⑤ 无校验（no parity）：数据包中不包含校验位。

**2. 软件部分**

蓝牙串口时钟，IO 管脚初始化部分如图 42 所示。

```
void USART3_Bluetooth_Config(void)
{
    GPIO_InitTypeDef GPIO_InitStructure;
    USART_InitTypeDef USART_InitStructure;

    // 打开串口GPIO的时钟
    USART_GPIO_APBxClkCmd(USART_GPIO_CLK, ENABLE);

    // 打开串口外设的时钟
    USART_APBxClkCmd(USART_CLK, ENABLE);

    // 将USART Tx的GPIO配置为推挽复用模式
    GPIO_InitStructure.GPIO_Pin = USART_TX_GPIO_PIN;
    GPIO_InitStructure.GPIO_Mode = GPIO_Mode_AF_PP;
    GPIO_InitStructure.GPIO_Speed = GPIO_Speed_50MHz;
    GPIO_Init(USART_TX_GPIO_PORT, &GPIO_InitStructure);

    // 将USART Rx的GPIO配置为浮空输入模式
    GPIO_InitStructure.GPIO_Pin = USART_RX_GPIO_PIN;
    GPIO_InitStructure.GPIO_Mode = GPIO_Mode_IN_FLOATING;
    GPIO_Init(USART_RX_GPIO_PORT, &GPIO_InitStructure);
```

**图 42　蓝牙串口时钟, IO 管脚初始化**

蓝牙串口模式配置, 以及中断服务配置部分如图 43 所示。

```
    USART_InitStructure.USART_BaudRate = USART_BAUDRATE;
    // 配置 针数据字长
    USART_InitStructure.USART_WordLength = USART_WordLength_8b;
    // 配置停止位
    USART_InitStructure.USART_StopBits = USART_StopBits_1;
    // 配置校验位
    USART_InitStructure.USART_Parity = USART_Parity_No ;
    // 配置硬件流控制
    USART_InitStructure.USART_HardwareFlowControl =
    USART_HardwareFlowControl_None;
    // 配置工作模式, 收发一起
    USART_InitStructure.USART_Mode = USART_Mode_Rx | USART_Mode_Tx;
    // 完成串口的初始化配置
    USART_Init(USARTx, &USART_InitStructure);
    // 串口中断优先级配置
    NVIC_Configuration();

    // 使能串口接收中断
    USART_ITConfig(USARTx, USART_IT_RXNE, ENABLE);

    // 使能串口
    USART_Cmd(USARTx, ENABLE);
```

**图 43　蓝牙串口模式配置以及中断服务配置**

蓝牙数据发送函数如图 44 所示。

```
void Usart3_Bluetooth_SendByte(uint16_t ch)
{
    /* 发送一个字节数据到USART */
    USART_SendData(USART3, ch);

    //Loop until the end of transmission
    while (USART_GetFlagStatus(USART3, USART_FLAG_TXE) == RESET);
}
```

**图 44　蓝牙数据发送函数**

ESP8266 与 STM32 程序部分如图 45、图 46、图 47 所示。

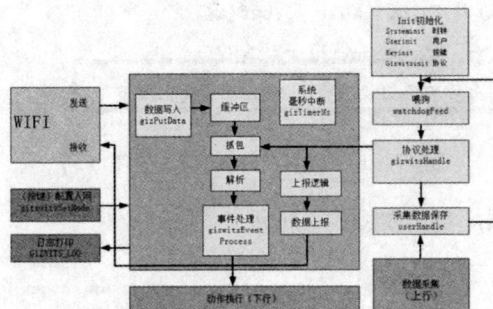

**图 45　EESP8266 与 STM32 程序 (1)**

```
gizwits_product.c
40      @ref gizwits_protocol.h
41    */
42    int8_t gizwitsEventProcess(eventInfo_t *info, uint8_t *data, uint32_t
43    {
44      uint8_t i = 0;
45      dataPoint_t *dataPointPtr = (dataPoint_t *)data;
46      moduleStatusInfo_t *wifiData = (moduleStatusInfo_t *)data;
47      protocolTime_t *ptime = (protocolTime_t *)data;
48
49      if((NULL == info) || (NULL == data))
50      {
51        return -1;
52      }
53
54      for(i=0; i<info->num; i++)
55      {
56        switch(info->event[i])
57        {
58          case EVENT_LEDONOFF:        LED事件
59            currentDataPoint.valueLEDonoff = dataPointPtr->valueLEDonoff;
60            GIZWITS_LOG("Evt: EVENT_LEDONOFF %d \n", currentDataPoint.val
61            if(0x01 == currentDataPoint.valueLEDonoff)
62            {
63              //user handle   LED亮
64            }
65            else
66            {
67              //user handle   LED灭
68            }
69            break;
```

图 46    EESP8266 与 STM32 程序（2）

```
* @brief USART2串口中断函数
*
*  接收功能，用于接收与WiFi模组间的串口协议数据
* @param none
* @return none
*/
void UART_IRQ_FUN(void)
{
  uint8_t value = 0;
  //value = USART_ReceiveData(USART2);//STM32 test demo
  gizPutData(&value, 1);
}
```
将串口收到的数据存到缓存区中

```
    for(i=0; i<len; i++)
    {
      //USART_SendData(UART, buf[i]);//STM32 test demo
      //实现串口发送函数，将buf[i]发送到模组
#ifdef PROTOCOL_DEBUG
      GIZWITS_LOG("%02x ", buf[i]);
#endif
      if(i >=2 && buf[i] == 0xFF)
      {
        //实现串口发送函数，将0x55发送到模组
```

图 47    EESP8266 与 STM32 程序（3）

51 单片机智能插座部分如图 48 所示。

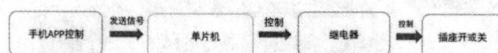

图 48    51 单片机智能插座

定义单片机端口如图 49 所示。

```
/***********头文件*************************/
#include<reg52.h>
#define uchar unsigned char
#define uint unsigned int
/***********定义变量************************/
uchar x;
static char flag;//设立标志位，用于开关插槽的标志
/***********位定义************************/
sbit chacao1=P2^0; //插槽1控制端口
sbit chacao2=P2^1;//插槽2控制端口
sbit chacao3=P2^2;//插槽3控制端口
sbit chacao4=P2^3; //插槽4控制端口
```

**图 49　定义单片机端口**

蓝牙初始化如图 50 所示。

```
/***********蓝牙串口中断*********************/
void init_t1()
{
TMOD=0x21;//设置定时器1为工作方式2
TH1=0xfd;//波特率初始值
TL1=0xfd;
TR1=1;//定时器打开
REN=1;//允许串行接受
SM0=0;//串行口工作方式设置为1
SM1=1;
EA=1;
ES=1;
}
```

**图 50　蓝牙初始化**

串口中断如图 51 所示。

```
/***********串口服务函数**********************/
void t1() interrupt 4//串口中断
{
if(RI)
{
RI=0;
x=SBUF;//储存缓冲器数据
}
if(x==0x10)//数据处理，给主函数提供开关的标志
flag=1;
if(x==0x11)
flag=2;
if(x==0x12)
flag=3;
if(x==0x13)
flag=4;
if(x==0x14)
flag=5;
if(x==0x15)
flag=6;
if(x==0x16)
flag=7;
if(x==0x17)
flag=8;
}
```

**图 51　串口中断**

控制部分如图 52 所示。

```
/***********主函数***********************/
void main()
{
init_t1(); //串口初始化
chacao1=0;//插槽1初始化，关
chacao2=0;//插槽2初始化，关
chacao3=0;//插槽3初始化，关
chacao4=0;//插槽4初始化，关
while(1)
{
switch(flag)
{
/*******控制插座开关**********************
case 1: chacao1=1;break;//插槽1开
case 2: chacao1=0;break;//插槽1关
case 3: chacao2=1;break;//插槽2开
case 4: chacao2=0;break;//插槽2关
case 5: chacao3=1;break;//插槽3开
case 6: chacao3=0;break;//插槽3关
case 7: chacao4=1;break;//插槽4开
case 8: chacao4=0;break;//插槽4关
default:break;
}
}
}
```

**图 52　控制部分**

51 单片机控制门锁部分如图 53 所示。

**图 53　51 单片机控制门锁**

定时器初始化，pwm 控制部分如图 54 所示。

```
/***********定时器初始化******************/
void init_t0()
{
TMOD=0x21;
TH0=(65536-100)/256;
TL0=(65536-100)%256;
IE=0x82;
TR0=1;
}
/***********定时器中断子函数**********************/
void t0() interrupt 1 using 1
{
static uchar count;
TH0=(65536-100)/256;
TL0=(65536-100)%256;
count++;
if(count>=200)
count=0;
if(count<=pwm_on1)//控制度舵机1PWM
pwm1=1;
else
pwm1=0;
```

**图 54　定时器初始化，pwm 控制部分**

蓝牙初始化，串口中断部分如图 55 所示。

```
/**********蓝牙串口初始化******/
void init_t1()
{
TMOD=0x21;//设置定时器1为工作方式2
TH1=0xfd;//波特率初始值
TL1=0xfd;
TR1=1;//定时器打开
REN=1;//允许串行接受
SM0=0;//串行口工作方式设置为1
SM1=1;
EA=1;
ES=1;
}
/***********串口中断函数*********************/
void t1() interrupt 4//串口中断
{
if(RI)
{
RI=0;
x=SBUF;//数据缓冲区．存放接受到的数据
if(x==0x00)//数据处理
flag=1;
if(x==0x01)
flag=2;
if(x==0x02)
flag=3;
}
```

图 55　蓝牙初始化，串口中断

控制部分如图 56 所示。

```
/**********主函数***********************/
void main()
{
init_t0();//定时器0初始化
init_t1();//串口初始化
pwm_on1=11;//舵机初始化
while(1)
{
switch(flag)
{
/***************控制开门*****************/
case 1: pwm_on1=10;;break;//开门
case 2: pwm_on1=12;break;//复位门锁
case 3: pwm_on1=11;break;//门锁异常时使用．静止
default:break;
}
}
}
```

图 56　控制部分

51 单片机智能台灯部分如图 57 所示。

图 57　51 单片机智能台灯

定时器中断及串口中断函数如图 58 所示。

```
/***********定时器0服务函数**********************/
void t0() interrupt 1 using 1
{
static uchar count;
TH0=(65536-100)/256;
TL0=(65536-100)%256;
  if(flag1==1)
    {
    count++;
    if(count>=200)
    count=0;
    if(count<=pwm_on1)//PWM
    {
    pwm1=1;
    }
    else
    {
    pwm1=0;
    }
    }
else if(flag1==0)
{
  pwm1=0;
}
}
/**********串口中断**********************/
void init_t1()
{
THOD=0x21;//设置定时器1为工作方式2
TH1=0xfd;//波特率初始值
TL1=0xfd;
TR1=1;//定时器打开
```

**图 58　定时器中断及串口中断函数**

灯控制部分函数如图 59 所示。

```
}
if(x==0x03)
flag=1;
if(x==0x04)
flag=2;
if(x==0x05)
flag=3;
if(x==0x06)
flag=4;
}

/**********主函数**********************/
void main()
{
init_t0();//定时器0初始化
init_t1(); //串口初始化
pwm1=0;
flag1=0;
pwm_on1=0;//初始
while(1)
{
switch(flag)
{
/******控制pwm输出**********************/
case 1: pwm_on1=11;flag1=1;break;//1档
case 2: pwm_on1=22;flag1=1;break;//2档
case 3: pwm1=1;flag1=1;break;//3档
case 4: pwm1=0;flag1=0;break;//关灯
default:break;
}
}
}
```

**图 59　灯控制部分函数**

## 四、创新点

（1）将物联网技术用于平常生活，即学生宿舍中（见图60）。

（2）结合手机使用（见图61）。

（3）使用了新的技术——云技术（见图62）。

图60 用于学生宿舍

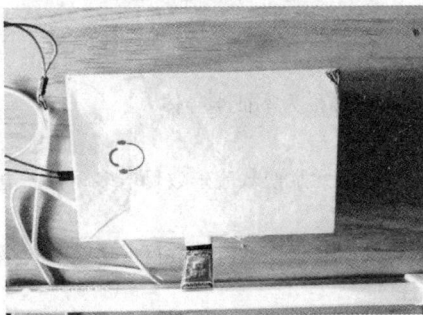

图61 结合手机使用

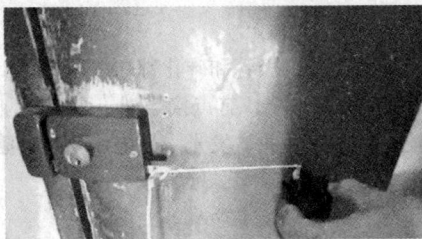

图62 使用云技术

## 附录二 电子电路基础知识部分教学设计

**第 1 课时**

| 课题 | 半导体特性、PN 结、二极管 | 课型 | |
|---|---|---|---|
| 教学目的 | 1. 了解半导体的特性和 PN 结的形成与特性<br>2. 掌握二极管、稳压管的特性 | | |
| 重点难点 | 1. PN 结的形成与特性<br>2. 二极管的伏安特性 | | |

**教 学 过 程**

**一、半导体的导电特性**

1. 光敏性、热敏性、可掺杂性

2. 本征半导体：纯净的半导体称为本征半导体

3. N 型半导体

结构形成方式：掺入五价杂质元素使载流子数目增多，自由电子是多子。

4. P 型半导体

结构形成方式：掺入三价杂质元素使载流子数目增多，空穴是多子。

**二、PN 结的形成与特性**

1. 形成过程

2. 特性：单向导电性

**三、二极管**

1. 结构、外形、分类

（1）按材料分：有硅二极管，锗二极管和砷化镓二极管等。

（2）按结构分：根据 PN 结面积大小，有点接触型、面接触型二极管。

（3）按用途分：有整流、稳压、开关、发光、光电、变容、阻尼等二极管。

（4）按封装形式分：有塑封及金属封等二极管。

（5）按功率分：有大功率、中功率及小功率等二极管。

2. 主要参数

3. 判别办法：用万用表欧姆挡判别正、负极

4. 二极管的伏安特性

5. 特殊功能二极管：稳压管、发光二极管

| 课题 | 半导体特性、PN 结、二极管 | 课型 | |
|------|------------------------|------|---|
| 课后小结 | 1. 半导体有自由电子和空穴两种载流子参与导电，PN 结具有单向导电性<br>2. 普通二极管电路的分析主要采用模型分析法<br>3. 稳压二极管和光电二极管结构与普通二极管类似，均由 PN 结构成。但稳压二极管工作在反向击穿区 | | |

**第 2 课时**

| 课题 | 半导体三极管 | 课型 | |
|------|------------|------|---|
| 教学目的 | 1. 了解三极管的结构与特性<br>2. 掌握三极管的类型和电流放大原理<br>3. 理解三极管的特性曲线和主要参数 | | |
| 重点难点 | 1. 三极管的电流放大原理<br>2. 三极管的输入输出特性 | | |

教 学 过 程

**一、三极管的基本结构和类型**

**二、三极管在电路中的连接方式**

**三、三极管的电流放大作用及原理**

三极管实现放大作用的外部条件是发射结正向偏置，集电结反向偏置。

（1）发射区向基区发射电子的过程。

（2）电子在基区的扩散和复合过程。

（3）电子被集电区收集的过程。

**四、特性曲线和主要参数**

1. 输入特性：$I_B = f(u_{BE}) \mid U_{CE} = 常数$

2. 输出特性：$I_C = f(u_{CE}) \mid I_B = 常数$

| 课后小结 | 1. 了解三极管的结构与特性<br>2. 理解三极管的特性曲线和主要参数<br>3. 掌握三极管的类型和电流放大原理 |
|------|------------|

第 3、4 课时

| 课题 | 共发射极放大电路 | 课型 | |
|---|---|---|---|
| 教学目的 | 1. 了解电路的结构组成<br>2. 用图解法分析静态工作点和动态波形 | | |
| 重点难点 | 1. 电流放大原理<br>2. 特性曲线 | | |

教 学 过 程

一、三极管的基本结构和类型

1.

2. 在电路中的联接方式

二、极管的电流放大作用及原理

三、特性曲线和主要参数

1. 输入特性：$I_E = I_C + I_B$

2. 输出特性：$I_C = \beta I_B$

3. 主要参数：

$I_E = f(U_{BE}) \mid U_{CE}$：常数

$I_C = f(U_{CE}) \mid I_B$：常数

一、电路组成及各元件作用

二、图解法分析静态工作

1. 直线：$I_B R_B = U_{CC} - U_{BE}$

2. 直线：$U_{CC} = I_C R_C + U_{CEQ}$

三、动态波形分析

| 课后小结 | 1. 了解共发射极放大电路的结构组成及原理<br>2. 熟练进行图解法分析放大器的静态工作点和动态波形 |
|---|---|

**第 5 课时**

| 课题 | 共发射极放大电路的动态分析 | 课型 | |
|---|---|---|---|
| 教学目的 | 了解微变等效法定量计算共发射极放大电路的动态参数 | | |
| 重点难点 | 1. 微变等效法定量计算共发射极放大电路的动态参数<br>2. 微变等效电路的画法 | | |

教 学 过 程

**一、三极管的微变等效电路**

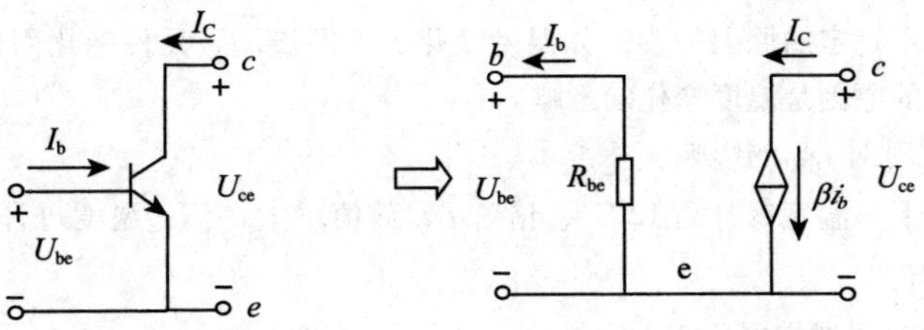

**二、放大器的微变等效电路**

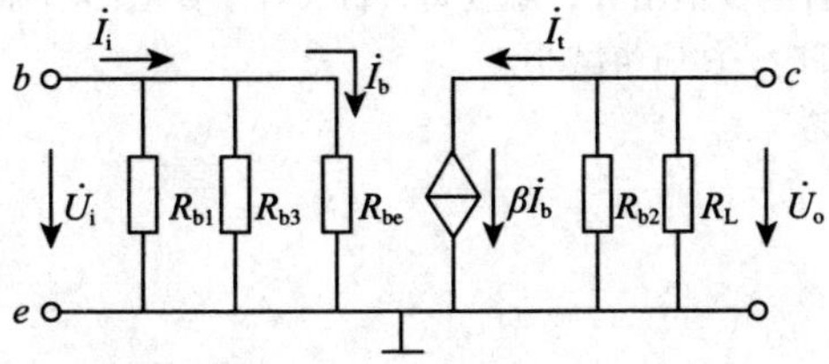

**三、交流动态参数的计算**

1. 电压放大倍数：$\dot{A}_U = \dfrac{\dot{U}_o}{\dot{U}_I}$

2. 输入输出电压

| 课后小结 | 掌握共发射极放大电路的动态分析和交流动态参数的计算 |
|---|---|

## 第 6 课时

| 课题 | 放大器的偏置电路 | 课型 | |
|------|----------------|------|---|
| 教学目的 | 1. 了解放大器静态工作点变化对放大器性能的影响<br>2. 掌握放大器偏置电路的分析计算 | | |
| 重点难点 | 1. 放大器静态工作点变化对放大器性能的影响<br>2. 放大器偏置电路的分析计算 | | |

### 教 学 过 程

**一、静态工作点不稳定的原因**

静态工作点不稳定的原因较多，如温度变化、电源波动、元件老化而使参数发生变化等，其中最重要的原因是温度变化的影响。

1. 温度变化时对 $I_{CEO}$ 的影响

在一般情况下，温度每升高 12℃，锗管 $I_{CEO}$ 数值增大一倍；温度每升高 8℃，硅管的 $I_{CEO}$ 数值增大一倍。

2. 温度变化对发射结电压 $U_{BE}$ 影响

在电源电压不变的情况下，温度升高后，使 $U_{BE}$ 减小，一般晶体管 $U_{BE}$ 的温度系数约为 $-2 \sim 2.5\,\text{mv/℃}$。$U_{BE}$ 减小，将使 $I_B$ 和 $I_C$ 增大，工作点上移。

3. 温度变化对 $\beta$ 的影响

温度升高将使晶体管的 $\beta$ 值增大，温度每升高 1℃，$\beta$ 值约增加 $0.5\% \sim 1\%$，最大可增 $2\%$。反之，温度下降时，$\beta$ 值将减小。

**二、分压式偏置电路**

1. 电路结构

2. 动态和静态分析

| | |
|------|---|
| 课后小结 | 1. 了解温度变化对静态工作点的影响熟练<br>2. 对分压式偏置电路进行分析 |

**第 7 课时**

| 课题 | 常见的放大电路 | 课型 | |
|---|---|---|---|
| 教学目的 | 了解共集电极放大电路和共基极放大电路的组成、原理及分析计算 | | |
| 重点难点 | 1. 共集电极放大电路分析计算<br>2. 共基极放大电路分析计算 | | |

教 学 过 程

**一、共集电极放大电路**

1. 电路的组成及微变等效电路

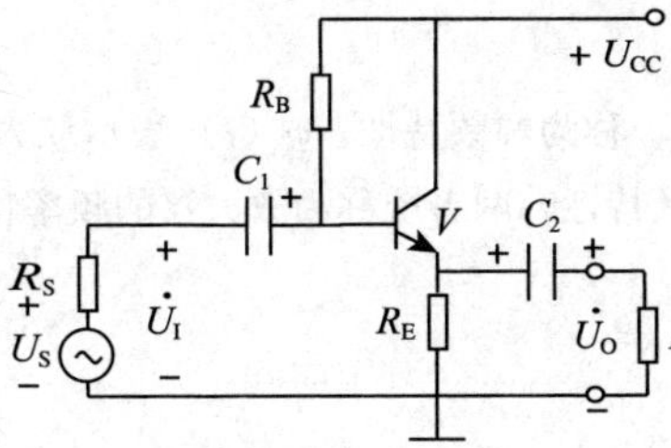

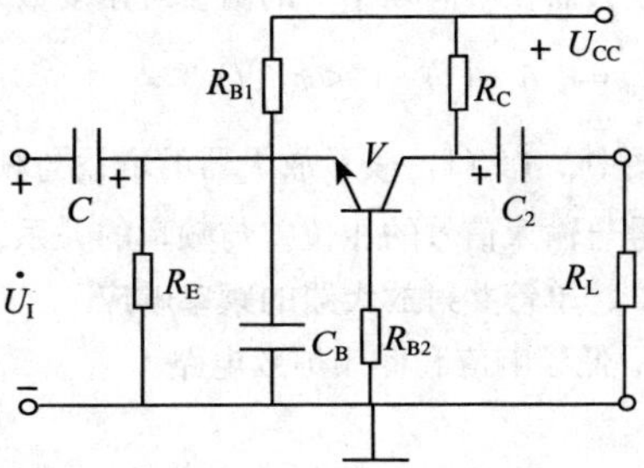

2. 电路的原理及分析计算

**二、共基极放大电路**

1. 电路的组成及微变等效电路　　　　　2. 电路的原理及分析计算

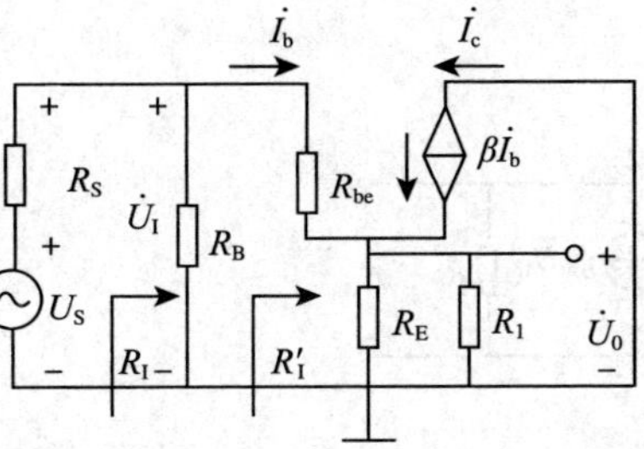

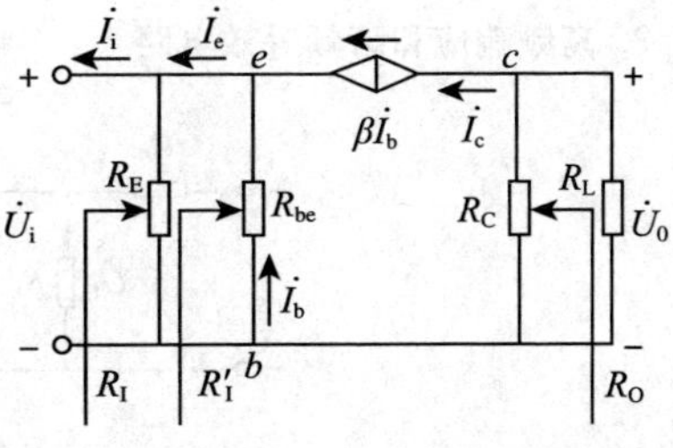

| 课后小结 | 1. 掌握共集电极放大电路分析计算<br>2. 了解共基极放大电路的组成、原理 |
|---|---|

第 8 课时

| 课题 | 放大器的频率特性 | 课型 | |
|------|-----------------|------|---|
| 教学目的 | 了解频率特性的一般概念，掌握单管放大器的频率特性 | | |
| 重点难点 | 1. 单管放大器的低、高频幅频特性<br>2. 单管放大器的低、高频相频特性 | | |

教　学　过　程

**一、频率响应的一般概念**

放大器在不同频率下的增益可用复数来表示

$$\dot{A}_U = |\dot{A}_U (f)| < \varphi (f)$$

式中，$\dot{A}_U$（f）表示放大器的增益与频率的关系，称为幅频特性；$\varphi$（$f$）表示放大器输出信号与输入信号的相位差与频率的关系，称为相频特性，两者统称为放大器的频率特性。

**二、单管共射放大器的频率响应**

1. 低频响应和低频等效电路

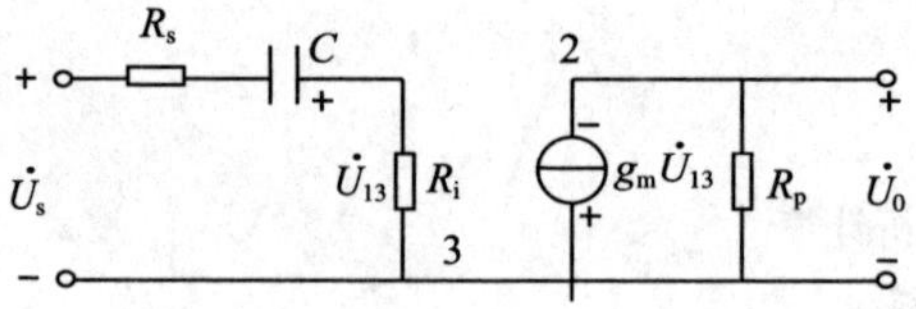

2. 高频响应和高频等效电路

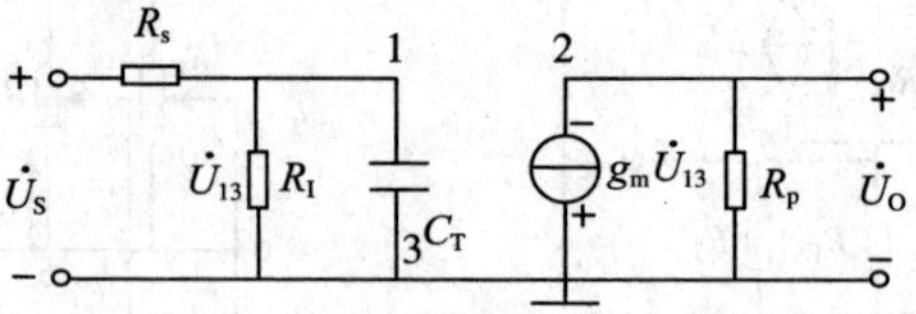

| 课后小结 | 了解单管放大器的频率特性 |
|----------|--------------------------|

第 9 课时

| 课题 | 多极放大电路分析 | 课型 | |
|---|---|---|---|
| 教学目的 | 1. 多级耦合的三种形式<br>2. 分析多极阻容耦合放大电路 | | |
| 重点难点 | 1. 多极阻容耦合放大电路的分析与计算<br>2. 变压器耦合和直接耦合 | | |

教 学 过 程

**一、多极放大的耦合方式：直接耦合、阻容耦合、变压器耦合**

**二、多极阻容耦合放大器**

1. 结构组成

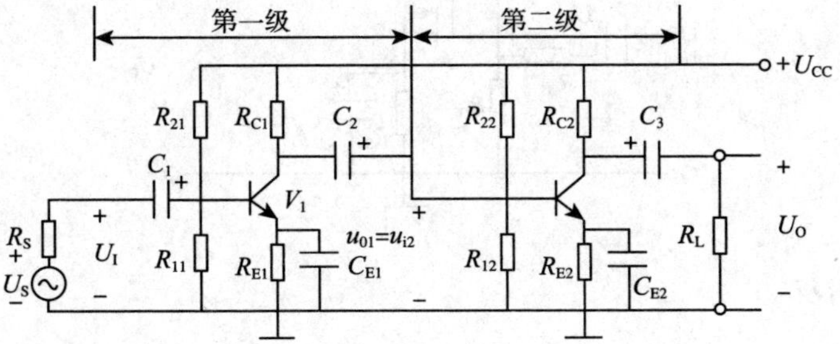

2. 静态分析

3. 动态分析：后极的输入等于前极的输出

**三、直接耦合的目的及存在的问题**

1. 目的：放大缓变信号或直流信号

2. 存在问题及解决办法

（1）前后极静点相互影响

（2）零点漂移：采用差放电路克服

| 课后小结 | 了解直接耦合在集成电路中的应用 |
|---|---|

**第 10 课时**

| 课题 | 场效应管放大电路分析 | 课型 | |
|------|------|------|------|
| 教学目的 | 了解场效应管放大电路的静态和动态分析 | | |
| 重点难点 | 1. 分压式场效应管放大电路的静态和动态分析<br>2. 源极输出器的分析 | | |

**教 学 过 程**

**一、分压式共源极放大电路**

**1. 电路结构**

**2. 静态分析**

如图所示，$U_G = \dfrac{R_{G2}}{R_{G1} + R_{G2}} U_{DD}$。

这样，栅源电压为 $U_{GS} = U_G - I_D R_s$。

**3. 动态分析**

$$\dot{U}_O = -\dot{I}_d R_d = -g_m \dot{U}_{gs} R_d$$

$$\dot{A}_U = \frac{\dot{U}_O}{\dot{U}_I} = \frac{\dot{U}_O}{\dot{U}_{gs}} = -g_m r_I = [R_g + (R_{G1} /\!/ R_{G2})] /\!/ R_g \approx R_g + (R_{G1} /\!/ R_{G2}) \approx R_g R_o \approx R_D$$

**二、共漏极放大电路——源极输出器**

**1. 微变等效**

**2. 参数计算**

| 课后小结 | 了解场效应管放大电路的静态和动态分析 |
|------|------|

**第 11 课时**

| 课题 | 负反馈的概念和类型判别 | 课型 | 理论课 |
|---|---|---|---|
| 教学目的 | 1. 了解放大电路中的反馈<br>2. 掌握分类并判别<br>3. 熟悉负反馈对放大器性能的影响 | | |
| 重点难点 | 1. 类型判别<br>2 负反馈对放大器性能的影响 | | |

<table>
<tr><td colspan="2" align="center">教 学 过 程</td></tr>
<tr><td>

**一、负反馈的概念**

1. 概念

2. 方框图

3. 基本关系式：

$A_f = \dfrac{A}{1+AF}$ $|AF| \geq 1$ 时，$A_f = \dfrac{1}{F}$ 深度负反馈。

4. 深度负反馈

**二、负反馈的分类判别**

1. 电压串联型

2. 电压并联型

3. 电流串联型

4. 电流并联型

</td><td>

**一、对放大倍数的影响**

1. 降低放大倍数

2. 提高了稳定性

**二、改善输出波形的非线性失真**

**三、展宽通频带**

**四、对 $r_i$ 的影响**

串联型使 $r_i$ 提高

**五、对 $r_0$ 的影响**

电压型使 $r_0$ 降低

</td></tr>
</table>

| 课后小结 | 掌握反馈类型的判断 |
|---|---|

225

**第 12 课时**

| 课题 | 差动放大电路分析 | 课型 | |
|------|----------------|------|---|
| 教学目的 | 1. 了解直接耦合带来的问题及解决办法<br>2. 差动放大器分析 | | |
| 重点难点 | 1. 差动放大器分析<br>2. 直接耦合带来的问题及解决办法 | | |

**教 学 过 程**

**一、直接耦合的目的及存在的问题**

1. 目的：放大缓变信号或直流信号

2. 存在问题及解决办法

（1）前后极静点相互影响

（2）零点漂移：采用差放电路克服

**二、差动放大电路**

1. 电路和结构特点

2. 电路抑制零漂原理

3. 电路的输入信号

4. 改进电路：带调零电位器的长尾电路

（1）静态分析

（2）对共模信号的分析

（3）对差模信号的放大

| 课后小结 | 简述差放的输入、输出方式 |
|----------|--------------------------|

**第 13 课时**

| 课题 | 集成运放简介 | 课型 | |
|------|------|------|------|
| 教学目的 | 了解集成运放的特点、内部电路构成、外形、主要技术指标和理想分析条件 | | |
| 重点难点 | 1. 集成运放的理想分析条件<br>2. 集成运放的内部电路构成、外形、主要技术指标 | | |

**教　学　过　程**

**一、集成运放的特点**
高增益的多极直接耦合放大器

**二、电路构成（F007）**

1. 输入级、输出极、中间极、偏置电路

2. 外形

**三、主要技术指标**

**四、理想分析条件**

1. 线性区

$$\begin{cases} U_+ = U_- \\ I_+ = I_- = 0 \end{cases}$$

2. 非线性区

$$\begin{cases} U_+ \neq U_- \\ I_+ = I_- = 0 \\ U_0 = \pm U_{0\text{sat}} \end{cases}$$

| 课后小结 | 1. 了解集成运放的特点、内部电路构成、外形、主要技术指标<br>2. 掌握集成运放的理想分析条件 |
|------|------|

**第 14 课时**

| 课题 | 集成运算电路 | 课型 | |
|------|------------|------|---|
| 教学目的 | 掌握集成运放在信号运算方面的应用 | | |
| 重点难点 | 1. 比例运算、加法运算、减法运算<br>2. 微、积分运算 | | |

教　学　过　程

**一、比例运算**

1. 反相比例运算：$U_O = -\dfrac{R_F}{R_1}U_I$

2. 同相比例运算：$U_O = \left(1 + \dfrac{R_F}{R_1}\right)U_I$

**二、加减运算**

1. 同相加法

2. 反相加法

**三、减法运算**

**四、积分运算**：$U_O = -\dfrac{1}{RC}\int U_I dt$

**五、微分运算**：$U_O = -R_F C \dfrac{dv_I}{dt}$

| 课后小结 | 熟练运用集成运放对信号进行比例运算、加法运算、减法运算 |
|----------|--------------------------------------------------------|

**第 15 课时**

| 课题 | 集成运放在信号测量、处理方面的应用 | 课型 | |
|---|---|---|---|
| 教学目的 | 1. 了解电压、电流的测量<br>2. 了解数据放大器的工作原理 | | |
| 重点难点 | 1. 电压、电流的测量<br>2. 数据放大器的工作原理 | | |

教 学 过 程

**一、电压源和电流源**

1. 同相式电压源

（1）构成

（2）特点

2. 同相式电流源

（1）构成

（2）特点

**二、电压和电流的测量**

1. 直流毫伏表的构成与特点

2. 不同量程直流电压表和直流电流表的构成

**三、测量放大器（数据放大器）**

1. 构成

2. 使用说明

| 课后小结 | 1. 了解电压、电流的测量<br>2. 了解数据放大器的工作原理 |
|---|---|

**第 16 课时**

| 课题 | 电压比较器 | 课型 | |
|---|---|---|---|
| 教学目的 | 掌握电压比较器的工作特点、波形和传输特点 | | |
| 重点难点 | 1. 过零比较器<br>2. 滞回电压比较器的原理及分析 | | |

教 学 过 程

**一、过零比较器**

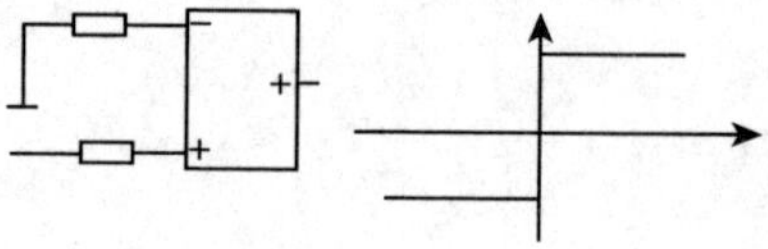

**二、任意电压比较器**

**三、迟滞比较器**

1. 电路:

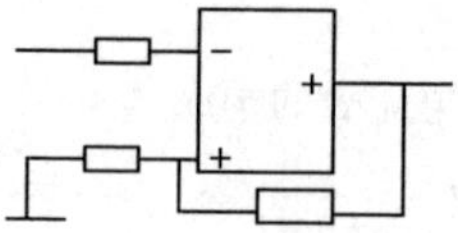

2. 原理: $U_+ = \pm \dfrac{R_2}{R_1 + R_2} U_{0(\text{swt})}$

3. 传输特性:

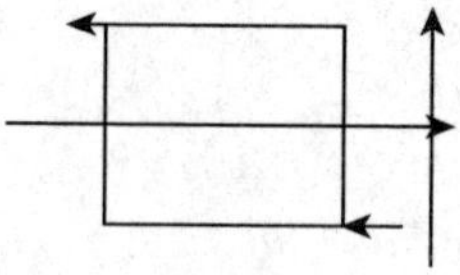

| 课后小结 | 掌握电压比较器的工作特点、波形和传输特点 |
|---|---|

**第 17 课时**

| 课题 | 波形产生电路 | 课型 | |
|------|------------|------|--|
| 教学目的 | 1. 了解振荡的概念<br>2. 熟练分析正弦波、方波、三角波产生电路 | | |
| 重点难点 | 1. 正弦波振荡器<br>2. 方波、三角波产生电路 | | |

**教 学 过 程**

**一、振荡的产生和稳定**

1. 振荡条件：$AF = 1 \Rightarrow \begin{cases} |A| \cdot |F| = 1 \\ \varphi_A + \varphi_F = 2n\pi \end{cases}$

2. 振荡器的组成

**二、桥式 RC 正弦波振荡器**

1. 结构及特点

2. 工作原理

（1）RC 串、并联选频网络

（2）满足振荡条件

（3）起振和稳幅

（4）振荡频率：$f = \dfrac{1}{2\pi RC}$

**三、非正弦波振荡器**

1. 方波发生器

2. 三角波发生器

| 课后小结 | 1. 了解振荡的概念<br>2. 熟练分析正弦波、方波、三角波产生电路 |
|----------|--------------------------------------------------|

**第 18 课时**

| 课题 | 二极管整流、电容滤波电路 | 课型 | |
|---|---|---|---|
| 教学目的 | 掌握整流、滤波的原理及波形计算 | | |
| 重点难点 | 1. 二极管全波整流<br>2. 电容滤波电路 | | |

教 学 过 程

**一、单相半波整流**

1. 电路结构

2. 波形原理

3. 核算：$U_0 = 0.45U_2$，$I_D = I_0 = 0.45U_2/RL$

**二、单相桥式全波整流**

1. 电路结构

2. 波形原理

3. 核算：$U_0 = 0.9U_2$，$I_D = I_0/2$，$U_{DRM} = \sqrt{2}U_2$

**三、电容滤波**

1. 电路结构

2. 波形原理

3. 核算：$U_0 = 1.2U_2$

| 课后小结 | 掌握整流、滤波的原理及波形计算 |
|---|---|

# 参 考 文 献

［1］冯端．固体物理学大辞典［M］．北京：高等教育出版社，1995.

［2］李庆臻．简明自然辩证法词典［M］．山东：山东人民出版社，1986.

［3］唐旭英．双耦合谐振回路选频特性仿真研究［J］．研究与开发，2015（34）.

［4］高鹏．电路设计与制作——Protel 99 SE 入门与提高［M］．北京：机械工业
出版社，2000.

［5］柳春锋．Protel 99 SE 实用教程［M］．北京：高等教育出版社，2006.

［6］唐秋红．电子制作教程［J］．电子制作，2006.

［7］夏路易，石宗义．电路原理图与电路板设计教程 Protel 99 SE［M］．北京：
希望电子出版社，2002.

［8］胡宴如，耿苏燕．模拟电子技术［M］．北京：高等教育出版社，2000.

［9］阎石．数字电子技术［M］．北京：中央广播电视大学出版社，2003.

［10］Al Kelley，Ira Pohl. C 语言教程［M］．徐波，译．北京：机械工业出版
社，2007.